LE GUERRIER
INTÉRIEUR

Note sur l'auteur :

Docteur en pharmacie, aventurier, chef de bord de voilier, passionné de psychologie transpersonnelle et de développement de la personne, Thierry Pasquier a vu son parcours transformé, « éclairé » par la découverte du concept de Guerrier intérieur et de son art de vivre.

Suite à ses lectures sur le sujet et à ses expérimentations, il se constituera une sorte d'aide-mémoire, qui ne le quittera plus, et qui reprend les principales qualités d'un Guerrier intérieur.

Deux étudiants, fortement intéressés par cette démarche, l'inciteront à publier son carnet de notes, qui deviendra l'ouvrage que voici.

* * *

On peut rejoindre Thierry Pasquier
aux adresses Internet suivantes :

http://www3.sympatico.ca/coceanne/
courriel : coceanne@sympatico.ca

THIERRY PASQUIER

LE GUERRIER INTÉRIEUR

La voie de l'action impeccable

Données de catalogage avant publication (Canada)

Pasquier, Thierry

    Le guerrier intérieur : la voie de l'action impeccable

    ISBN 2-89466-071-5

    1. Vie spirituelle. 2. Actualisation de soi. 3. Connaissance, Théorie de la (Religion). 4. Conscience - Aspect religieux. 5. Éducation et discipline mentales. I. Titre.

BL624.P37 2002   291.4'4   C2002-940769-9

Nous reconnaissons l'aide financière du gouvernement du Canada par l'entremise du Programme d'aide au développement de l'industrie de l'édition (PADIÉ) pour nos activités d'édition.

Conception graphique : Normand Gagné

Graphisme : Carl Lemyre

Infographie : Christian Feuillette

ISBN 2-89466-071-5

Dépôt légal : Bibliothèque nationale du Québec, 2002
                Bibliothèque nationale du Canada, 2002

Distribution : Diffusion Raffin
             29, rue Royal
             Le Gardeur (Québec)
             Canada J5Z 4Z3
             Courriel : diffusionraffin@qc.aira.com

Site Internet : http://www.roseau.ca

Imprimé au Canada

Notre lot d'être humain est d'apprendre,
et l'on va à la connaissance, comme on va à la guerre :
avec peur, avec respect, pleinement lucide
du fait que l'on risque sa vie.
Seul un Guerrier peut survivre au chemin de la connaissance,
avec une sérénité et une confiance en soi absolues.
Car l'art du Guerrier consiste à équilibrer
la terreur d'être humain avec la merveille d'être humain.

DON JUAN MATUS

AVANT-PROPOS

Sortant de l'université, je me représentais la vie comme un long couloir sombre avec, au mieux, quelques fenêtres donnant sur un mariage, deux ou trois enfants, une maison et des vacances. Et cette vie s'achevait inexorablement sur la porte de la retraite. C'en était bien fini le plaisir d'apprendre, de découvrir et de jouer. La vie sérieuse, en noir et blanc, commençait dans le monde des adultes. Le feu sacré et la folie de la jeunesse étaient presque éteints. J'avais 23 ans.

Je ne soupçonnais pas, en découvrant l'art du Guerrier intérieur, que j'allais transformer ce couloir en un fabuleux périple, aux multiples facettes interactives, une aventure dont je suis le héros. Oui, nous ne sommes pas séparés de notre univers. Il nous parle, pourvu que nous l'écoutions ou, mieux encore, que nous le questionnions activement. Pour notre jeu de piste personnel, chaque détail de notre journée a son importance, si nous lui prêtons attention. Oui, la vie devient une aventure passionnante pour celui qui l'expérimente de l'intérieur, en Guerrier, spirituel et pacifique cette fois.

Si la guerre et la violence physique sont loin d'être supprimées de la planète, elles sont, dans nos sociétés post-industrielles, le plus souvent sous contrôle des armées et des corps policiers. Nous ne sommes pas encore arrivés au paradis terrestre, mais cela évite l'enfer quotidien de nous battre pour nous défendre physiquement, sauf exception. Alors pourquoi ce concept de Guerrier?

Les champs de bataille sont présents plus que jamais. Les vrais combats commencent maintenant au champ de Mars des défis quotidiens: s'affirmer, créer des relations harmonieuses avec nos conjoints, nos enfants, nos collègues de travail ou notre famille, boucler une fin de mois sont autant de bagarres intenses où nous jouons notre bien-être, notre liberté et notre joie de vivre. Il est encore plus vital pour la survie de notre planète d'établir la paix dans notre cœur et d'avoir le courage de la manifester à chaque instant. Gagner tous ces combats demande des qualités: les mêmes que celles des samouraïs ou des chevaliers de jadis.

« La guerre n'est pas dans un pays et absente d'un autre. Elle est partout. Chacun de nous est un guerrier responsable du grand équilibre historique. Nous ne sommes pas les victimes impuissantes des événements extérieurs, mais bien au contraire la goutte décisive qui peut faire pencher la balance vers la vie... ou vers l'anéantissement. Porter la conscience de cette responsabilité, c'est ça la dignité de l'homme.

« La guerre ne se décide pas sur les champs de bataille, ni même dans les réunions des plus hauts dirigeants. La guerre n'est que la conséquence inévitable d'un autre champ de bataille, intérieur, invisible à l'œil de l'homme.

« Chaque sourire humain mine les projets de guerre ; chaque émotion négative ouvre la porte à la destruction.

« Chaque pensée constructive diminue l'impact des forces destructives, chaque désir de paix atténue le feu des combats. »

GITTA MALLASZ, mars 91

Aujourd'hui l'acte de bravoure ne se fait plus en montant à l'assaut de l'ennemi, à un contre dix, mais en faisant face à nos peurs, seul contre toutes. L'ennemi n'est pas à l'extérieur, il est en dedans de nous. L'héroïsme n'est pas de partir en campagne conquérir de nouvelles terres, mais de quitter un travail qui ne nous fait plus vibrer pour conquérir un nouveau ciel, celui des rêves qui nous portent. Le courage ne se cultive plus en mettant notre vie physique en danger, ou très rarement. Il se développe en prenant le risque d'être psychologiquement détruit en affirmant notre façon d'être au monde. Le courage, c'est communiquer avec fermeté et douceur ce que nous avons à dire, en prenant le risque que ça ne plaise pas. La sobriété, ce n'est plus de vivre comme un ascète. C'est éteindre la lumière dont on n'a pas besoin, ne pas gaspiller l'eau, manger peu et « vivre simplement pour que d'autres puissent simplement vivre », comme disait Gandhi.

> *« La guerre, pour un Guerrier, est la lutte totale contre le moi individuel qui a privé l'homme de son pouvoir. »*
>
> CARLOS CASTANEDA

Chaque Guerrier avance à son rythme. Chaque route est personnelle et compose une vaste pièce de théâtre dont nous devenons l'acteur principal, le héros. Quel est donc le thème de cette pièce ?

Notre monde est énergie, sous une forme solide, liquide, gazeuse, éthérique, émotionnelle ou psychique. La quête du Guerrier est celle de l'énergie. Déjà Lavoisier, illustre chimiste français du XVIIIe siècle, avait résumé cela par une phrase célèbre : « Rien ne se crée, rien ne se perd, tout se transforme. » Comme une auto, plus nous pouvons emmagasiner d'énergie, plus nous pouvons aller loin dans notre vie. Le théâtre des opérations du Guerrier est le monde de l'énergie (dans le sens premier du mot grec *energeia*: force en action). Pendant un temps, nous utilisons cette énergie pour remplir nos besoins. Puis cela ne nous suffit plus et nous commençons à vouloir donner et servir une personne, un organisme ou une cause plus grande que nous-mêmes afin de contribuer à l'amélioration du monde. Le secret du bonheur, si nous en cherchons un, ne peut être mieux résumé que par ces trois phrases du poète Tagore :

« Je rêvais que la vie était joie ;
Je m'éveillai et je vis que la vie était service ;
Je servis et je vis que le service était Joie. »

Pour le Guerrier, se libérer de l'emprise du monde et servir joyeusement sur un plan plus vaste que sa vie personnelle n'est pas une fin. C'est le début de l'exploration d'un univers à cent dimensions... invisibles à l'œil de l'homme.

Car, qu'est-ce qui est réel ? Ce que nous voyons, touchons, entendons ou sentons ? Alors nous limitons le réel à des stimuli électriques transportant l'information provenant de nos détecteurs sensoriels. Exactement comme un ordinateur. Est-ce seulement cela le Réel ? Imaginons-nous un instant, privés de nos sens. Nous ne voyons plus, n'entendons plus, ne sentons plus (odeur, goût et toucher), mais nous sommes encore vivants ! Désorientant, n'est-ce pas ? Qu'est-ce que serait le réel pour nous ?

Il nous resterait un immense domaine à explorer : celui de notre conscience passant d'un monde à l'autre, c'est-à-dire du rêve éveillé au souvenir, en passant par l'intuition, les rêves nocturnes (il en existe de toutes sortes[1]), les domaines de l'au-delà et de l'en deçà – je veux parler ici de l'avant et de l'après-vie physique. Bref, il nous resterait à explorer les mondes dont la porte d'entrée passe par les 90 % de notre cerveau qui ne nous servent à rien, pour le moment, même dans l'état de conscience le plus lucide.

Pour avoir accès à tous ces mondes, nous devons posséder une grande quantité d'énergie, de « pouvoir personnel » et *nous dédier au service de l'humanité*. L'usage que nous faisons de cette énergie est sous notre responsabilité.

Ce petit manuel est un recueil de réflexions que j'avais assemblées sous forme d'un livret. Je le portais toujours sur moi. Dans mes moments de doute ou de découragement, il me rappelait une perspective plus vaste de la vie et une attitude inusitée et passionnante pour relever les défis qu'elle me présentait. Deux jeunes étudiants m'ont inspiré à le partager. Le voici aujourd'hui entre vos mains pour vous permettre de vous rappeler, en l'ouvrant dans le métro, le soir au lit ou seul à un rendez-vous qui ne viendra pas, que votre vie n'est pas un long couloir sans fenêtre. C'est une aventure passionnante dont vous êtes le héros.

AVERTISSEMENT

L a très grande majorité des principes rappelés ici
proviennent d'enseignements que j'ai reçus.
Lorsqu'une idée exposée est, en presque totalité,
inspirée d'un seul auteur, un renvoi de note est mis à
la fin du titre de la section ou du chapitre. Le lecteur
pourra y faire référence s'il veut approfondir le sujet.

Certaines qualités ou notions de l'art du Guerrier
sont communes à plusieurs auteurs. J'en ai pour ma
part retenu douze qui me sont apparues essentielles
sur cette *voie de l'action impeccable*. J'ai alors souvent
utilisé le « jargon » que les amateurs de Don Juan
Matus reconnaîtront. Il apparaît en effet que la termi-
nologie qu'utilise ce sorcier Yaqui pour enseigner à
Carlos Castaneda est souvent employée avec un sens
inusité dans le langage courant et ainsi libre de nos
préjugés ou de clichés culturels.

Le but de ce petit manuel n'est pas de faire une
compilation d'auteurs ayant abordé le thème du

Guerrier intérieur, ni de vouloir expliquer la totalité de leurs écrits, mais d'inciter à la réflexion. Certains points spécifiques seront néanmoins définis précisément, quand ils annoncent un concept nouveau, afin de permettre une compréhension claire du sujet. Le lecteur aura toujours sa part de méditation et d'expérimentation personnelle à faire pour en saisir le sens profond, en se rappelant que le paradoxe et la confusion sont les deux gardiens des mondes intérieurs.

Pour ma part, j'ai tenté de clarifier certaines notions, suite à la mise en pratique de cet art de vivre. À vous maintenant de réfléchir à ce qui est proposé dans ces pages, puis à l'expérimenter.

REMERCIEMENTS

Au Maître D.K. dont les enseignements[2] demeurent la référence et le garde-fou dans cette exploration des mécanismes de la conscience.

À Richard Bach (*Le messie récalcitrant*[3]), Dan Milman (*Le guerrier pacifique*[4]), Paulo Coelho (*L'alchimiste*[5]) et James Redfield (*La prophétie des Andes*[6]). Ils m'ont apporté une vision de la vie incluant la magie. Une vision non pour fuir la réalité du quotidien, mais pour lui donner un sens que je n'en finis plus de découvrir.

À Carlos Castaneda et aux enseignements de son sorcier Yaqui, Don Juan Matus. Ses ouvrages constituent un véritable traité sur l'art du Guerrier, trop sujet à la spéculation sur la réalité du monde magique des sorciers. Cet univers est à la portée des seuls Guerriers impeccables. C'est par la pratique, non par la polémique, que le doute sera levé.

À Annie Marquier et aux formidables outils de développement de la personne qu'elle a créés avec son Institut. Par l'expérimentation qu'elle propose, elle m'a permis de passer à la pratique de ces enseignements.

À Pierre et Éric, deux étudiants de 20 ans, extraordinaires par leur curiosité commune et la particularité de leurs chemins respectifs. L'un voulait être poète, l'autre s'engageait dans l'armée. Après avoir entendu parler de l'attitude du Guerrier intérieur dans un cours que je donnais, tous deux m'ont pressé de questions et ont voulu une copie du livret que je portais. Quelques jours plus tard, ils avaient livré leur premier combat en prenant leur place dans la vie, avec fermeté et paix intérieures.

Qu'ils soient remerciés de m'avoir poussé à le faire éditer. Ce manuel du Guerrier intérieur est né publiquement grâce à eux.

Aux êtres de lumière qui ont soutenu la mise au monde de ce petit manuel et dont j'ai si peu conscience encore.

À mes parents, qui m'ont inspiré le décor de mon propre chemin... rempli de surprises.

Merci à Pierre, Michèle et Dominique pour les corrections apportées au texte.

Merci à Nadine, pour ses commentaires, ses encouragements et les opportunités d'entraînements qu'elle me fournit sur mon chemin.

Enfin, merci à Michèle Blais, des Éditions du Roseau, pour son œil de lectrice avertie et critique, ainsi que ses judicieuses remarques qui m'ont permis de clarifier certains points du texte.

INTRODUCTION

« Le seul bien est de connaître la voie de l'infini
et ignorer cette voie est le seul mal. »

ÉPICTÈTE

Toutes les traditions véhiculent le concept de Guerrier intérieur. Samouraï, roi Arthur, roi David, chevaliers, guerriers toltèques, etc., tous représentent des modèles d'actions illuminées, de puissance et de sagesse pour servir une cause plus grande que leur propre personne.

L'entraînement du Guerrier intérieur a pour but de créer dans le monde des gens capables de servir la société dans son évolution par une action puissante, une action tempérée par la patience, la sensibilité du cœur et l'éthique du moine. De tels êtres ont le pouvoir de créer le paradis sur terre. Pourquoi se dépenser pour moins ?

Continuer cette tradition du Guerrier intérieur, dans le contexte actuel de notre société, est le défi pressant que chacun d'entre nous doit envisager. C'est l'art d'agir avec efficacité pour aider la Planète à sortir victorieuse des problèmes psychologiques, économiques, politiques et spirituels devant lesquels elle se trouve maintenant. Et il n'est pas nécessaire d'être le roi David pour agir. Cela demande simplement des connaissances, de la volonté et une intense pratique.

Krishnamurti écrivait[7]:

> *« Dans le monde entier il n'y a que deux sortes de gens : ceux qui ont la connaissance et ceux qui ne l'ont pas, et cette connaissance seule importe. »*

Cette phrase lapidaire doit être précisée: notre culture, nos croyances religieuses (être athée est la croyance, religieusement entretenue, que le divin – dieu – n'existe pas), notre race, tout cela est sans importance. Ce qui importe réellement c'est cette connaissance, la connaissance du dessein de l'univers relatif aux hommes. Car l'Univers, la Conscience cosmique, l'*Intention* divine ou tout autre nom qu'on lui donne, a un Plan, et ce Plan c'est l'évolution.

Là commence le chemin du Guerrier et tout acte qu'il va accomplir a pour but de renforcer son lien avec cette connaissance du dessein de l'univers dont il devient un médiateur. Dans notre état d'esprit ordinaire nous ne sommes pas conscients de ce Plan car toute notre énergie est accaparée par nos soucis, nos préoccupations, nos désirs, nos frustrations et nos peurs. Nous faisons tous, chaque jour, des efforts pour vivre. Évoluer consciemment demande de faire un « sureffort », littéralement un effort de plus par-dessus les efforts de notre quotidien. Voilà pourquoi un Guerrier a besoin d'énergie. Une énergie qu'il chasse sans répit, pour l'utiliser.

> *« L'évolution de l'homme est l'évolution de sa conscience. Et la « conscience » ne peut pas évoluer inconsciemment. L'évolution de l'homme est l'évolution de sa volonté et la volonté ne peut pas évoluer involontairement. L'évolution de l'homme est l'évolution de son pouvoir de « faire » et « faire » ne peut pas être le résultat de ce qui arrive. »*

OUSPENSKI

Le Guerrier accumule le plus d'énergie possible en accroissant sa sobriété, sa réflexion et sa discipline (comme disciple de cet art de vivre). Avec cette force intérieure, il peut pénétrer les causes derrière les phénomènes du monde et percevoir ce que la personne ordinaire ne peut appréhender.

Le monde n'est qu'une image, que nous percevons, d'un certain spectre d'énergie. Qui plus est, cette représentation est faussée par notre propre interprétation individuelle. Autant dire que nous avons chacun notre monde qui possède d'autant plus de différences avec celui du voisin que ce dernier est d'un autre sexe, d'un autre âge, d'une autre race, d'une autre culture ou d'un degré d'évolution de conscience différent du nôtre.

Notre raison peut rendre compte de tout ce qui a lieu à l'intérieur de la représentation qu'elle se fait du monde. Elle refuse catégoriquement ce qui est extérieur à cette représentation. Elle nie même qu'il puisse y avoir un extérieur.

Le but du Guerrier est de s'aventurer, par sa « folie contrôlée », dans la « non-raison », et il le fait en naviguant sur un océan de paradoxes. Dans un premier temps, il doit élargir sa représentation du monde – ultérieurement, il pourra « voir » les causes au delà des phénomènes, tout en gardant le contact avec ce monde. Alors les événements du quotidien deviennent tous d'égale importance : celle d'images. Ce qui importe vraiment pour lui, ce n'est pas de créer une nouvelle description un peu plus large, mais de « s'arracher » des descriptions, de s'en libérer, pour arriver à la totalité de lui-même et servir efficacement le Plan.

La connaissance du Plan de l'univers relatif à l'humanité est accessible à tous. Elle ne peut se traduire en mots et sa maîtrise appartient seulement à ceux qui la sondent. Elle est là pour être ressentie, pour être utilisée, pas pour être expliquée. On peut y accéder en changeant de niveau de conscience, mais l'accès même ne peut pas être analysé. On ne peut qu'en faire usage.

Le seul moyen pour le Guerrier est d'avancer sur le chemin de la connaissance, activement et en permanence à l'affût des manifestations du Plan, qu'il appelle des indications ou des présages. Le degré de sa certitude d'interprétation de ces indications souvent «déraisonnables» dépend de la force et de la clarté de son intuition, c'est-à-dire de «l'impeccabilité» de son attitude. Les erreurs ne surviennent que lorsque ses sentiments personnels obscurcissent le lien de communication avec le Plan. Sinon il sait, infailliblement et exactement, la signification de ces indications, par intuition.

Un Guerrier observe tout.
Chaque chose lui révèle un secret.

Nous n'avons besoin de personne pour nous enseigner l'art du Guerrier parce qu'en réalité, il n'y a rien à apprendre. Ce dont nous avons besoin, c'est du soutien d'un livre ou mieux encore d'un professeur, pour nous convaincre que nous avons toute cette connaissance en nous.

Pourquoi suivre cet art du Guerrier? Parce qu'en y réfléchissant, rien d'autre n'est important que cette évolution de la conscience, et le bien-être final qui en résulte. Seule compte l'attitude que nous avons face à la vie. C'est elle qui fait que nous sommes heureux ou malheureux, et non pas ce qui nous arrive. Rien de ce qui nous est extérieur ne peut nous rendre profondément heureux, de façon durable. Temporairement oui, pour un jour, une semaine ou un an, nous pouvons croiser le bonheur. Puis il nous file entre les doigts ou disparaît d'un coup comme par magie. Et, c'est de magie dont il s'agit. Magie dans le sens d'illusionnisme. Nous nous faisons accroire que telle chose, telle personne ou tel événement va nous rendre heureux. Tout cela représente seulement le décor de cette vaste pièce de théâtre où nous jouons le rôle de l'acteur principal. Nous jouons le rôle, nous ne sommes pas ce rôle. Il ne représente qu'une partie de nous. L'autre partie est le metteur en scène. Celui qui a du recul, et qui peut changer le scénario. Être un Guerrier, c'est vivre sa vie à la fois comme acteur et comme metteur en scène. Tout en sachant que, sur le vaste jeu d'échecs cosmique, nous ne sommes pas le joueur, mais un pion de l'*Intention* derrière le Plan. Le Guerrier est un pion libre et impeccable. Là est le premier paradoxe du chemin.

Lorsque nous avons vraiment compris cela, nous sommes prêts à suivre l'art du Guerrier intérieur. Cela devient même une nécessité pour avancer sur le chemin qui se présente alors à nous. Un chemin de connaissance avec la responsabilité qui va de pair. C'est la fin de l'innocence ignorante et le début de la voie de l'action impeccable.

Aujourd'hui, chacun de nous peut être un Guerrier et avoir une action positive pour amener un peu plus de paradis sur la terre. Notre destin à tous en dépend. C'est un chemin de service, un chemin de joie. Cela demande simplement des qualités très spécifiques que résume ce petit manuel.

LES DOUZE QUALITÉS
DU GUERRIER INTÉRIEUR

1

La vision globale

Une tâche à accomplir, un cadeau à recevoir

Quand nous nous arrêtons pour y penser, le monde autour de nous est extrêmement mystérieux. Il ne livre pas facilement ses secrets. Sur le simple plan physique, toute notre science est déployée et nous ne progressons que très lentement. Les plans de plus haute énergie, ceux invisibles à l'œil de l'homme, comme le monde des émotions et celui de la pensée, restent un mystère total ou presque, au point même de nier leur existence.

Globalement, la vision du Guerrier est de passer du monde des perceptions ordinaires du quotidien au monde extraordinaire de la Vie dans le quotidien.

Car il y a un monde extraordinaire que chacun de nous sent, dans sa prime jeunesse. Un monde où nous avons du talent. Et nous désirons vivement apporter notre contribution sur terre : c'est notre tâche, appelée encore « légende personnelle », « mission » ou *« Chemin-qui-a-du-cœur »*. À cette époque de la vie, tout nous semble possible et nous n'avons pas peur de rêver à ce que nous aimerions faire de notre vie. Cependant, à mesure que le temps s'écoule, des forces d'inertie commencent à essayer de prouver qu'il est impossible de réaliser notre rêve. Ces forces, qui semblent s'opposer à notre but, nous apprennent, en réalité, comment réaliser notre légende personnelle. Elles « musclent » notre volonté et nous contraignent à acquérir toutes les qualités... dont nous allons parler. Rien ne peut nous empêcher de réaliser notre « légende personnelle », sauf notre abandon, car :

> *« Qui que nous soyons et quoi que nous fassions,*
> *lorsque nous voulons vraiment quelque chose,*
> *c'est que ce désir est né dans l'âme de l'univers. »*

PAULO COELHO

L'univers lui-même conspire à nous permettre de réaliser cette tâche de vie, ce rêve qu'il a placé en nous. Mais, avant de réaliser notre but, il veut toujours évaluer tout ce qui a été appris durant le parcours. Car nous avons tous également un cadeau à recevoir du monde : ses leçons de vie. Si l'univers agit ainsi, ce n'est pas par méchanceté à notre égard. Il le fait pour que nous puissions, en même temps que notre rêve, assimiler également les leçons que nous apprenons en allant vers lui. Malheureusement, la plupart des gens renoncent à apprendre ces leçons, à recevoir ces « cadeaux ». Car cela demande que nous y mettions tout notre cœur, notre courage, notre volonté et seul un Guerrier peut avoir l'énergie nécessaire pour suivre ce chemin.

> *« Une quête commence toujours par la chance*
> *du débutant et s'achève toujours par l'épreuve*
> *du conquérant. »*

PAULO COELHO

Pour avancer, le Guerrier intérieur a une vision, un idéal qui vient de son expérience intérieure et de son désir intense de faire une différence positive dans le monde. Il agit en fonction de cet idéal. Pourtant, il n'est pas fanatique. Cette vision est souple et peut être modifiée, élargie en fonction des expériences authentiques qu'il vit. Paradoxalement, elle est aussi ferme et alignée.

S'il perd sa vision, le Guerrier s'arrête, même si ce qu'il fait paraît essentiel. Un instant de réflexion peut lui économiser un long détour. Sans vision, nous perdons la maîtrise de notre vie et nous devenons gouvernés par le destin. Cela arrive quand nous cessons de vouloir nous dépasser. Alors, notre but s'évanouit, ou nous paraît utopique, et nous décrépissons lentement vers la vieillesse et la mort.

Cependant, pour un temps, si nous avons encore assez d'énergie, de pouvoir personnel, pour nous reprendre en main, nous pouvons retrouver notre légende personnelle en faisant alors un choix conscient, celui de notre « *Chemin-qui-a-du-cœur* ».

Choisir un **Chemin-qui-a-du-cœur**[8]

Où en êtes-vous? Suivez-vous encore votre « légende personnelle »? Vous êtes-vous perdu dans les sentiers tortueux des soucis et des factures à payer?

L'exercice qui suit vous donne une chance de reprendre la route de vos rêves profonds et de trouver, ou retrouver, votre *Chemin-qui-a-du-cœur*. Si vous passez outre ce petit jeu, vous laissez aussi passer une chance de trouver votre chemin !

Pour commencer, écrivez sur une feuille de papier les dix activités ou centres d'intérêt les plus importants pour vous et que vous aimez particulièrement. N'ALLEZ PAS PLUS LOIN AVANT DE L'AVOIR FAIT.

Un Guerrier ne peut pas dire que ses actes sont plus importants que ceux d'une autre personne ou qu'une chose est plus indispensable qu'une autre ; par conséquent toutes les choses sont égales, et étant égales, elles sont sans importance. Pour lui, rien n'importe ou peut-être que tout importe. Mais, à un moment, il choisit pour lui un *Chemin-qui-a-du-cœur*. Il sait qu'*un chemin a du cœur* quand il ne fait qu'un avec lui, lorsqu'il éprouve une paix et un plaisir incommensurables à le parcourir dans toute sa longueur. Il s'y engage comme si sa vie en dépendait, tout en sachant que ça n'a aucune importance et qu'il aurait pu choisir n'importe quel autre chemin. C'est un autre paradoxe qui mène à un détachement d'une intensité opposée à l'indifférence.

Le choix de ce *Chemin-qui-a-du-cœur* fait que l'attitude d'un Guerrier diffère du comportement ordinaire. Personne ne peut fuir son cœur. C'est pour cela qu'il vaut mieux l'écouter et suivre son chemin, pour qu'il ne vienne jamais protester en frappant notre vie d'un coup imprévu !

Vous devrez regarder chaque chemin très soigneusement et avec grande réflexion. Faites autant d'essais que cela sera nécessaire. Puis vous vous posez alors une question, et une seule : ce chemin possède-t-il un cœur ? S'il en a un, le chemin est bon. Si la réponse est négative il faut alors choisir un autre chemin. Les chemins ne conduisent nulle part (ils finissent tous par notre mort), mais celui qui a un cœur tout au long du voyage, fera découvrir la merveille de la vie au Guerrier. L'autre lui fera maudire l'existence. Le premier le rendra fort, le second, faible.

Encore une question, peut-être ? Comment savoir, à coup sûr, si ce chemin a un cœur ou n'en a pas ?

Poser la question c'est y répondre. Le malheur, c'est que personne ne pose la question. Lorsqu'on s'aperçoit que l'on a choisi une voie sans cœur, cette voie est prête à vous tuer. Peu d'hommes peuvent alors s'arrêter pour réfléchir, et changer de voie.

Ayez confiance : si vous êtes intègre avec vous-même, vous ne vous ferez pas croire que la réponse est « oui » alors que c'est « non », même si à ce moment-là, la voie vous est agréable. Car un chemin qui n'a pas de cœur n'est jamais agréable. Il faut peiner rien que pour le prendre. Par contre, un chemin qui a un cœur est facile parce qu'il est profondément satisfaisant. On n'a pas besoin de se donner de la peine pour l'aimer. S'il peut être temporairement inconfortable, il sera toujours riche en apprentissages et c'est la seule ambition noble de notre condition humaine : vouloir apprendre.

Une remarque : ne pas choisir de chemin et prendre une voie « qui va de soi », c'est choisir un chemin sans cœur, qui semble souvent raisonnable ou confortable et sécuritaire (pour le compte en banque et nos peurs de l'inconnu). C'est un piège qui se retournera finalement contre son créateur et le détruira.

MAINTENANT, dans votre liste des dix activités les plus importantes, retenez-en au moins trois pour lesquelles vous accepteriez d'investir temps et énergie ou, plus encore, d'en retirer des revenus. Si vous désirez vraiment jouer le jeu à 100 %, ATTENDEZ D'AVOIR FAIT VOS TROIS CHOIX AVANT D'ALLER PLUS AVANT DANS CE CHAPITRE.

Bien! Quels que soient ces choix, vous avez maintenant un chemin qui se dessine. Peut-être y a-t-il dans ces choix ceux que vous réalisez en ce moment. Tant mieux. Vous allez pouvoir renouveler consciemment votre engagement.

Tout au long du voyage, le Guerrier surveille attentivement son énergie. Si elle baisse en qualité ou en quantité, durant une période assez longue, il questionne son cœur: est-il en train de persévérer ou de s'obstiner? C'est la joie qu'il ressent dans ce qu'il fait qui lui donne la réponse. Si elle est présente, il persévère sur un *Chemin-qui-a-du-coeur*. Sinon, il s'obstine et il lui faut trouver un autre chemin, car un chemin n'est, après tout, qu'un chemin. La décision de quitter un chemin se fera en regardant s'il n'y a pas de conséquences négatives pour soi ou pour les autres. Cette décision doit être libre de toute peur ou de toute ambition.

Il ne vous reste plus qu'à choisir votre *Chemin-qui-a-du-cœur* parmi les trois activités/projets retenus et à le réaliser EN COMMENÇANT À POSER UN PREMIER PAS MAINTENANT, AVANT D'ALLER PLUS LOIN! Sinon, vous êtes simplement en train de rêver et vous perdez votre temps.

> *Une vision sans action n'est qu'un rêve ;*
> *Une action sans vision est une corvée ;*
> *Une vision en action, c'est l'espoir du monde*[8].

L'action détachée, ou agir en contrôlant la folie de notre vie[8]

Lorsqu'il suit son *Chemin-qui-a-du-cœur*, le Guerrier regarde, se réjouit et rit. Du point de vue de sa personnalité mortelle, il sait qu'il ne fait que participer à une infime partie du Plan d'évolution dont il ne verra pas l'accomplissement. Sa vie se terminera bien trop tôt et son chemin restera inachevé. Il sait qu'il ne voit pas la totalité du Plan et qu'en conséquence, il marche en aveugle. Devant cette « infinitude », il sait que tout est égal, rien n'étant plus important qu'autre chose ; chaque action n'est qu'un moyen d'expérimenter l'Énergie qui lui donne naissance. Surtout, « il considère comme n'ayant aucune importance ce qui lui vient de l'extérieur : tristesse, difficultés, maladies, pertes ; il envisage toutes ces choses comme n'étant rien et ne leur permet pas d'affecter le calme de son mental. Elles sont le résultat d'actions antérieures et doivent être supportées joyeusement quand elles surviennent. Car il sait que tout est transitoire et qu'il a le devoir de toujours rester joyeux et serein. Ces choses appartiennent à ses actions passées et il n'y peut rien changer. Il est donc inutile qu'il s'en préoccupe. Il songe plutôt à ses actes présents qui préparent les événements de son avenir, car ceux-là, il *peut* les changer[7] ».

Alors il choisit un comportement détaché ou joyeux, même lors d'événements qui semblent tristes à celui qui vit dans une conscience ordinaire. Cela peut le faire passer pour un fou. Planter un clou dans une planche, placer des actions en Bourse, conduire son auto ou faire la vaisselle ne participe pas à l'évolution de la conscience. L'attitude de celui qui fait ces actions y participe. Le Guerrier sait que tous ses actes sont inutiles. Malgré tout, il fait comme s'il ne le savait pas, pour se prendre au jeu sans se prendre au sérieux. Alors il rit de ce qu'il fait. Voilà ce que l'on appelle la *folie contrôlée* du Guerrier.

Pour l'acquérir et pratiquer le détachement face à ces actions, il *traque*.

Le tout premier principe de l'art du *traqueur* réside dans le fait que le comportement humain normal relève de la routine. Toute conduite en rupture avec la routine provoque un effet inhabituel sur notre être tout entier. *Traquer*, c'est produire un choc. La beauté d'un paysage, d'une sculpture, d'un poème qui nous prend par surprise, ce choc de beauté, cette secousse qui brise notre perception habituelle du monde, c'est *traquer*.

> « *Un Guerrier se traque lui-même. Il se traque implacablement, avec ruse, avec patience et gentiment.* »
>
> DON JUAN MATUS

Le Guerrier se donne ce choc à lui-même en utilisant son propre comportement d'une manière implacable et rusée. Quand sa conscience s'enlise sous le poids de ses perceptions, le meilleur remède, et peut-être même le seul, consiste à se servir de l'idée de la mort pour donner ce choc du *traqueur*. Nous verrons cela un peu plus loin dans l'art d'apprivoiser la mort.

Notre conscience ordinaire est attachée à ce que nous pensons. Nous pensons que nos actes, et ceux de nos semblables, sont importants, qu'ils sont nous-mêmes et inhérents à notre caractère immuable parce que nous avons *appris* à penser qu'ils sont comme cela. Nous apprenons à penser à propos de tout. Ensuite, nous entraînons nos yeux à regarder comme nous pensons. Nous nous piégeons. Nous nous regardons en pensant déjà que nous sommes importants. Par conséquent il faut que nous nous sentions importants.

L'art du *traqueur* consiste à se servir de comportements qui sont inhabituels pour son caractère, afin de sortir des conditionnements (voir p. 90). Le véritable défi consiste à trouver un système de comportement, conscient et inhabituel, qui ne soit ni insignifiant ni capricieux, mais qui combine la moralité et le sens de la beauté.

L'art du *traqueur* est applicable à toute chose, et nécessite d'acquérir quatre qualités pour l'apprendre : l'implacabilité, la ruse, la patience et la gentillesse.

L'implacabilité ne doit pas être de la dureté. La ruse ne doit pas être de la cruauté. La patience ne doit pas être de la négligence, et la gentillesse ne doit pas être de la sottise. Un Guerrier est implacable mais charmant, rusé mais agréable, patient mais actif, gentil mais impitoyable. L'énergie féminine est spontanément plus à l'aise dans cet art que l'énergie masculine, qui semble alors sinueuse, calculatrice et hypocrite.

La folie contrôlée est l'art de faire semblant d'être complètement absorbé par une action en cours (visible), si bien que personne ne peut deviner que cette action n'est pas l'action réelle, énergétique et invisible.

> « *La folie contrôlée n'est pas une tromperie totale mais une façon sophistiquée, artistique, d'être séparé de tout, tout en continuant à faire partie intégrante de tout.* »
>
> CARLOS CASTANEDA

Quand nous accédons au chemin du Guerrier, notre personnalité est déjà formée et tout ce que nous pouvons faire, c'est pratiquer la folie contrôlée et nous moquer de nous-mêmes. Car nous voyons le monde non tel qu'il est, mais tel que nous sommes, avec nos lunettes culturelles, sociales, éducationnelles, etc. Chacun a son monde. Le Guerrier traque cette vision réduite et rigide du monde pour assouplir ses structures de caractère et rendre plus fluide le passage de l'énergie. Il ne s'agit pas ici de philosophie, mais d'actions concrètes pour libérer l'énergie cristallisée en nous[10]. C'est en agissant qu'on apprend à agir, non en parlant.

> *« Quand j'évoque le passé, je regrette plus ce que je n'ai pas fait que ce que je n'aurais pas dû faire. »*
>
> MALCOM FORBES

Sortant des comportements habituels, libre de son passé (voir p. 122), le Guerrier n'a ni honneur, ni dignité, ni famille, ni nom, ni patrie. Il a seulement une vie à vivre et, dans de telles circonstances, son seul lien avec ses semblables est sa folie contrôlée. Il se convainc, il se fait croire qu'il a une action à accomplir. Sinon, il vivrait en ermite sans action manifeste sur le monde. Par conséquent, il entreprend, sue, s'essouffle comme n'importe quel homme. Mais il s'en différencie parce qu'il contrôle la folie de sa vie. Il ne se prend pas au sérieux comme l'homme ordinaire. Il sait que c'est un jeu illusoire. Rien n'étant plus important qu'autre chose, il choisit n'importe quelle action, et la réalise comme si elle lui importait vraiment. Cependant, il sait au fond de lui qu'elle n'en a pas.

Ainsi, lorsqu'il a accompli ses actions, il se retire en paix. Que ses actions aient été, selon les hommes, bonnes ou mauvaises, réussies ou non, ne le concerne en aucune façon. Un Guerrier regarde simplement comme résultat de son action, *la justesse*, c'est-à-dire ce qui fait sourire l'âme, qui laisse une trace de paix derrière lui ou qui lui fait déclarer : « Elle m'a rendu un peu meilleur ».

Un Guerrier choisit, par exemple, de se sentir heureux que quelque chose soit arrivé, et cependant, si cela n'était pas arrivé, cela n'aurait eu aucune importance. *Ça*, c'est de la folie contrôlée.

Le Guerrier choisit d'en faire usage à chacun de ses actes, qui sont sincères, mais représentent simplement ceux d'un acteur. Il est heureux parce qu'il choisit de regarder les choses qui le rendent heureux. Là où le comportement ordinaire voit la difficulté ou la douleur, ses yeux saisissent le côté amusant de la vie. Ça le fait rire, passer pour un fou. Et il poursuit son *Chemin-qui-a-du-cœur* pour être toujours au mieux de lui-même et pouvoir toujours rire. Rire est sans importance aussi. C'est simplement un penchant naturel de l'homme.

Si rien n'est important, pourquoi un Guerrier continue-t-il à vivre ?

Il continue à vivre parce que c'est son choix et sa volonté. Il n'a de cesse de maîtriser sa vie pour qu'elle soit claire et parfaite. Il arrive un moment où il ne lui importe plus que rien ne soit important. C'est cette volonté qui contrôle la folie de sa vie, le fait vivre et agir.

Le Guerrier est un être d'action qui confronte constamment sa vision à la réalité du monde extérieur. Cela lui permet de ne pas se laisser prendre par le fanatisme. Il est capable de se dire la vérité à lui-même, en fonction des résultats concrets qu'il produit dans le monde. Sa vision n'est pas un système de croyances, mais plutôt la formulation d'une volonté claire d'apporter sa contribution au monde et de le servir au meilleur de ses capacités. En mettant cette vision en action, il est confronté à la réalité des choses et peut élargir sa vision de façon à être de plus en plus efficace.

« L'action est le feu purificateur de la vision. »

CARLOS CASTANEDA

C'est pourquoi le Guerrier agit au lieu de parler. Ce qui l'intéresse n'est pas de prouver la vérité de sa vision, mais de servir au mieux de ses connaissances. Lorsqu'un Guerrier décide d'entreprendre quelque chose, il doit en tout premier lieu savoir pourquoi il le fait. Il s'y engage alors jusqu'au bout et il lui faut accomplir ce que cela suppose sans jamais avoir le moindre doute, sans le moindre remords. Il y a seulement le temps de décider. Peu importe la décision, rien n'est plus sérieux ni moins sérieux que n'importe quoi d'autre. Dans un monde où la mort est le chasseur, il n'y a ni grande ni petite décision. Il n'y a que des décisions prises devant notre inévitable mort. Cela va lui demander tout son courage.

2

Le courage[9]

« Le courage ne consiste pas en l'absence de peur, mais en sa conquête. Nous ne serons maîtres de nos peurs que lorsque nous oserons passer à l'action. »

« Pour le Guerrier, l'expérience d'un cœur tendre est ce qui donne naissance à l'absence de peur. La véritable absence de peur vient de la tendresse, du fait de laisser le monde entrer dans notre cœur, d'être ouvert et d'y faire face sans résistance. Sans la tendresse, la bravoure peut s'émietter comme une tasse chinoise[11]. »

L'entraînement au courage comprend cinq éléments :

1. *La vulnérabilité.* Le chemin du Guerrier n'est pas l'invulnérabilité, mais la vulnérabilité au monde, à la

vie et, par-là même, à la Présence créatrice du Plan. Cela prend du courage pour aller de l'avant, pour aimer et accepter que nous puissions participer à l'évolution de la terre en devenant «une plume dans la main de Dieu».

2. La communication claire de ce qui est difficile à dire pour nous. Notre conscience habituelle nous fait croire trop facilement que ce que nous voulons va de soi et qu'il n'est pas nécessaire de l'exprimer. Or, tout ce qui est non communiqué nous maintient séparés et engendre la disharmonie (donc nous enlève de l'énergie) à moyen ou long terme. Communiquer clairement, ce n'est pas simplement dire. C'est aussi vérifier ce que l'autre a compris en le reformulant et, si nécessaire, en corrigeant.

3. La persévérance face à l'adversité, au rejet ou à l'échec apparent. Ces difficultés renforcent, stimulent, inspirent et régénèrent le Guerrier. Notre attitude ordinaire nous laisse déprimés, abattus, et nous fait reculer devant le défi. Un Guerrier prend tout ce qui arrive comme un défi. Une personne ordinaire le prend comme une chance ou comme une malchance.

Le Guerrier, lui, prend responsabilité de sa vie (voir p. 81).

4. *La conscience de nos peurs et le courage de ne pas agir en fonction d'elles.* Cela nous permet de ne pas laisser les peurs diriger notre vie et d'avancer, droit devant nous, avec elles, en fonction de ce que nous avons décidé et non pas en fonction de ce que la peur nous dicte comme conduite. «Avoir du courage, ce n'est pas ne pas avoir peur. C'est être capable d'agir malgré ces peurs, et de passer droit à travers les flammes[9]». Pour lutter contre la peur, un Guerrier utilise ses *boucliers*. Voici en quoi consiste un *bouclier*:

C'est une protection psychologique qu'un Guerrier choisit volontairement parmi les éléments de son chemin. C'est un ou des comportements coutumiers qui lui font du bien. Ce que les gens font habituellement dans leur vie constitue leurs boucliers contre les forces environnantes. Les actions accomplies leur procurent le confort tout en leur donnant un sentiment de sécurité.

Il ne faut pas confondre «ce que les gens font» avec «le monde». Dans la conscience ordinaire, nous le faisons tous. Ce que les personnes font est sans doute important, mais seulement pour servir de bouclier. Jamais nous n'apprenons que certaines routines sont seulement des protections, et nous laissons ainsi ces habitudes dominer et écraser notre vie. Le Guerrier se traque lui-même pour sortir de ces conditionnements (voir p. 90), sauf quand il les utilise comme boucliers.

Pour cela, il adopte des attitudes, des comportements ou des actions qui lui sont familières et aisées. Il les choisit d'une façon délibérée. Chacun de ces éléments constitue un bouclier qui le protège contre les attaques des forces qu'il désire utiliser s'il n'a pas encore assez d'*Intention* (cette force mystérieuse, dont nous parlerons plus loin, en p. 133). Sinon l'*Intention* le protège. Les activités de la vie quotidienne peuvent empêcher notre propre esprit de subir les rigueurs effrayantes d'une rencontre avec des forces trop puissantes. Être en colère, avoir froid, s'endormir, regarder la télévision, manger à l'excès, rire ou pleurer, sont des boucliers pour le commun des gens et peuvent aussi aider un Guerrier, s'il en est conscient.

Un Guerrier rencontre des contraintes inexplicables et inflexibles parce que psychologiquement il les recherche. Par conséquent, il est toujours prêt à voir surgir une force devant ses yeux, à n'importe quel moment. Un Guerrier a le devoir de protéger sa vie. Dans ce but, et pendant un certain temps, il choisit un certain nombre de « recettes » dont il peut faire usage pour éloigner ses pensées de frayeur et devenir solide. Ces comportements, actions, pensées, etc., sont des éléments de son *Chemin-qui-a-du-cœur*. Quand, à un moment donné, il connaît trop ces énergies, ses vieux boucliers ne lui suffisent plus. Ils doivent être remplacés par *l'Intention* (voir p. 133).

5. *Une forte volonté de découvrir l'inconnu, d'abord en nous-mêmes, puis chez les autres et dans l'univers, en ayant confiance dans notre sens intérieur des choses.* Cela prend du courage pour entrer en contact avec quelque chose que l'on ne connaît pas, et c'est pourtant notre seule façon d'apprendre.

3

Passion dans le respect

La troisième grande qualité du Guerrier est la passion. Il vit intensément, sans réserve, avec tout son cœur, comme s'il devait mourir à chaque instant. En se levant chaque matin, il remercie en se disant: *« Seigneur, quelle belle journée aujourd'hui pour mourir, mais que ta volonté soit faite. Aujourd'hui est un jour nouveau, un jour plein de réalisations où les succès se suivent et les prodiges se succèdent »*. Cela lui rappelle son implication à 100 % dans ce qu'il fait.

Entre « normalement » et « passionnément », il y a une énorme différence. Celle de la *« dédication »*. Se dédier, c'est avoir la volonté de se donner totalement à ce que l'on fait pour servir dans le monde. C'est un engagement sans désistement possible.

Les enfants vivent avec passion. Le Guerrier a su garder cette passion et la mettre au service de sa

« Dédication »

Jusqu'au moment où l'on décide de se dédier totalement, il y a encore de l'hésitation, des chances de reculer et toujours de l'inefficacité.

Concernant tous les actes d'initiative et de création, il y a une vérité élémentaire, et l'ignorance de cette vérité détruit les innombrables idées et les plans les plus splendides :

Ce n'est qu'au moment où l'on se dédie définitivement que la Providence, elle aussi, fait un pas.

Toutes sortes de choses arrivent pour que l'on se sente supporté, choses qui ne seraient jamais arrivées autrement. Un courant d'événements découlant de ce moment de décision travaille en notre faveur et déclenche toutes sortes d'incidents imprévus, de rencontres et d'assistance matérielle que l'on n'aurait jamais pensé être possibles.

« Tout ce que tu peux faire, ou rêver que tu peux faire, commence-le. L'audace a du génie, du pouvoir et de la magie en soi. »

GOETHE

vision. Et il rit. Il rit souvent parce qu'il aime rire, cependant tout ce qu'il dit est terriblement sérieux. Le bien-être constitue une condition qu'il cultive, un achèvement qu'il poursuit volontairement. Ordinairement, nous insistons souvent sur les sensations de désordre, de malaise et de confusion. Nous fournissons un effort énorme pour nous rendre misérables, sans jamais nous rendre compte que le même effort pourrait servir à nous rendre forts et entiers. L'astuce réside dans ce sur quoi on insiste.

Un Guerrier peut aussi pleurer. Nos yeux regardent pour que nous puissions rire, pleurer, nous réjouir, être tristes ou heureux. Celui qui n'aime pas être triste, et se retrouve témoin de quelque chose qui ordinairement l'attriste, change son point de vue, l'orientation de sa pensée.

La passion juste est tempérée par le respect, et respecter n'est possible qu'avec l'attention. «Un Guerrier aime et il le montre à chaque instant en utilisant son monde avec frugalité et tendresse, peu importe ce qu'est ce monde, choses, animaux, gens ou pouvoir (énergie). Il traite tout avec une attention respectueuse, il ne piétine rien, à moins d'y être obligé. Il est intimement en rapport avec son monde. Cependant il demeure inaccessible (non manipulable) à ce monde même parce qu'il ne le déforme pas en le pressant par des actions ou un Amour conditionnel. Il capte le monde un tout petit peu, y reste aussi longtemps qu'il en a le besoin et s'en va rapidement en laissant à peine la trace de son passage[8]. »

Le respect, c'est donner aux autres d'abord ce qu'ils veulent, ce qu'ils peuvent recevoir. C'est réchauffer au lieu de brûler. Alors peut-être certains voudront un peu plus de ce que le Guerrier peut leur offrir. Un Guerrier est satisfait d'enseigner à travers ce qu'il fait, en attendant que quelqu'un, dans son monde, demande davantage. Cette attitude à la fois passionnée, respectueuse et attentive est le secret du bonheur, que cette fable résume[5]:

Un certain négociant envoya un jour son fils apprendre le secret du bonheur auprès du plus sage de tous les hommes, qui vivait retiré dans une île enchantée. Le jeune garçon prit sa barque à voile et navigua pendant quarante jours contre vents et marées. *Un matin, il arriva en vue d'une île escarpée et luxuriante, avec un beau château au sommet de la montagne insulaire.*

Au lieu d'y trouver un saint homme recueilli, notre héros entra dans une salle où se déployait une activité intense : des marchands entraient et sortaient, des gens bavardaient dans un coin, un petit orchestre jouait de douces mélodies et il y avait une table chargée des mets les plus délicieux de cette région du monde. Le sage parlait avec les uns et les autres et le jeune homme dut patienter deux heures avant que ne vînt enfin son tour.

Le sage écouta attentivement le jeune homme lui expliquer le motif de sa visite, mais lui dit qu'il n'avait pas le temps de lui révéler le secret du bonheur. Il lui suggéra de faire une visite du palais et de revenir ensuite.

« Cependant, je veux vous demander une faveur », ajouta le sage en remettant au jeune homme une petite cuillère, dans laquelle il versa deux gouttes d'huile : « Tout au long de votre promenade, tenez

cette cuillère à la main, en faisant en sorte de ne pas renverser l'huile ».

Le jeune homme commença à monter et descendre les nombreux escaliers du palais, sans quitter des yeux sa cuillère. Au bout de deux heures il revint voir le sage.

« Alors, demanda ce dernier, avez-vous vu les tapisseries de Perse de ma salle à manger ? Et le parc que le maître jardinier a mis dix ans à créer ? Avez-vous remarqué les beaux parchemins de ma bibliothèque ? »

Le jeune homme, confus, dut avouer qu'il n'avait rien vu du tout. Son seul souci avait été de s'acquitter de son service et de ne point renverser les gouttes d'huile que le sage lui avait confiées.

« Eh bien ! Retourne faire connaissance avec les merveilles de mon univers, lui dit le sage. On ne peut pas se fier à un homme si l'on ne connaît pas la maison où il habite. »

Plus rassuré maintenant, le jeune homme prit la cuillère et retourna se promener dans le palais en *prêtant attention, cette fois, à toutes les beautés accrochées aux murs et aux plafonds. Il vit aussi les jardins, la vue magnifique sur l'océan, la délicatesse des fleurs de ce lieu enchanteur. Tout avait une place harmonieuse et semblait mettre les autres éléments en valeur. De retour auprès du sage, il relata de façon détaillée tout ce qu'il avait vu.*

« Mais où sont les deux gouttes d'huile que je t'ai confiées ? » demanda le sage.

Le jeune homme, regardant alors la cuillère, constata avec stupeur qu'il les avait renversées.

« Eh bien ! dit alors le sage des sages, c'est là le seul conseil que j'aie à te donner : Le secret du bonheur est de regarder toutes les merveilles du monde, mais sans jamais oublier les deux gouttes d'huile dans notre cuillère. »

Quoi que nous fassions ou vivions, nous pouvons le faire avec joie et concentration, comme nous le raconte cette fable. C'est cette tension entre deux processus simultanés qui crée la joie paisible. Le regard intérieur intensifie la conscience pour nous concentrer exactement sur ce que nous voulons; l'abandon, le *lâcher-prise*, nous permet de nous libérer de toute pensée naissante. Voilà la vraie méditation du Guerrier qui se passe naturellement tout au long de la journée.

Vivre à 100 % l'instant présent, avec attention et abandon est le bonheur du Guerrier. Il ne laisse rien ni personne, surtout pas ses pensées, le tirer hors du présent. Cette autre fable nous en donne un exemple :

Un vieux moine, accompagné d'un plus jeune retournent dans leur monastère. Ils doivent traverser un cours d'eau, et y trouvent une jeune femme fort embarrassée. Comprenant la situation, le vieux moine la prit dans ses bras robustes et la porta sur l'autre rive. Elle lui sourit, agrippée à son cou, jusqu'au moment où il la posa courtoisement sur le sol. Elle le remercia, puis les deux moines poursuivirent leur route en silence. À l'approche des portes du monastère, le jeune moine ne parvint plus à se contenir. « Je vais être obligé d'en parler à notre supérieur ! Comment as-tu pu porter cette belle femme dans tes bras ? La règle

nous interdit de toucher les femmes. Un tel com-
portement est intolérable de la part d'un moine ! »

Le vieux moine regarda son compagnon et répon-
dit : « C'est vrai, j'ai porté cette femme au ruisseau
et je l'ai laissée là-bas. Mais toi, ne la porterais-tu
pas encore avec toi ? »

Pratiquer cette passion respectueuse de la vie en
ne laissant pas nos pensées nous extraire du présent
demande une discipline de chaque instant. C'est la
quatrième qualité du Guerrier.

4

La discipline

Le but de la vie du Guerrier est de manifester le meilleur de lui-même : avoir une discipline lui permet d'atteindre ce but. La vraie discipline n'a rien à voir avec la notion d'obligation ou d'autorité. C'est au contraire une source de liberté. Elle provient de la capacité de vivre intensément, d'une connaissance et d'une sagesse intérieure apportant une perception plus juste des choses. Le Guerrier n'est plus paralysé en pensant à tout ce qu'il doit faire. Il le fait. Cela demande de la vigilance, de la détermination et de la volonté. La discipline est une alliée puissante et indispensable pour réaliser un service efficace à travers notre *Chemin-qui-a-du-cœur*. Elle comprend quatre éléments.

La non-disponibilité ou centrage

Être discipliné, c'est être aligné intérieurement sur ce que l'on veut et avoir la force de garder cet alignement malgré les multiples sollicitations du monde ordinaire. Pour le Guerrier, la discipline devient tout simplement un style de vie agréable. Elle implique un désir constant de ne pas être disponible à n'importe quel petit moi intérieur qui peut émerger n'importe quand. Cela demande de *savoir rester centré dans l'*Intention *du Soi,* quelles que soient les circonstances.

L'ego du Guerrier intérieur, dans toutes ses manifestations inférieures (critiques, destruction, victimite, séparativité, insécurité, peur, orgueil, blâme, jugement, etc.), doit être discipliné. Cette maîtrise permet que sa vie personnelle, autant que sa vie de service, fonctionnent efficacement et harmonieusement.

Avec le monde extérieur, n'être pas disponible signifie que le Guerrier évite délibérément de se fatiguer lui-même et de fatiguer les autres. L'analogie pour imager cela est celle d'un homme qui se retire du milieu d'une route encombrée. Il doit s'arracher avec force de la circulation car le trafic (intérieur et extérieur) est hypnotisant.

Un Guerrier ne se laisse jamais aller à rien, pas même à sa mort. Il n'est jamais un partenaire passif, un simple exécutant. Il n'est pas disponible et, si jamais il s'engage dans quelque chose, il reste parfaitement conscient de ce qu'il fait. Avant de prendre une décision, le Guerrier pense et s'inquiète. Mais une fois qu'elle est prise, il se libère des pensées et des inquiétudes, car ensuite il aura des millions d'autres décisions à prendre.

« Un chasseur sait qu'il attirera toujours du gibier dans ses pièges, par conséquent il ne se soucie de rien. Se faire du souci c'est devenir accessible. Une fois que tu es inquiet, tu t'accroches à n'importe quoi de manière désespérée. Une fois que tu t'accroches, tu t'épuises et tu épuiseras inévitablement ce à quoi tu t'accroches[8]. »

Le «*faire stratégique*[8]»

Avec la discipline, un Guerrier mène une vie stratégique. Le plus gros piège est de faire quelque chose pour passer le temps. Lorsqu'un Guerrier décide d'entreprendre une action, il s'y engage jusqu'au bout, et il prend la pleine responsabilité de ses actes. Peu importe ce qu'il fait, il sait en tout premier lieu pourquoi il le fait, et ensuite il accomplit ce que cela suppose sans jamais avoir le moindre doute, le moindre remords. Dans ce sens, travailler pour quelqu'un, s'engager pour une cause, c'est prendre la responsabilité des décisions d'un autre, c'est être prêt à mourir pour elles. C'est ce que faisait un samouraï en choisissant son Daïmio, le maître qu'il allait servir et pour lequel il allait peut-être donner sa vie.

Un Guerrier peut aller où il veut et tout faire, mais il vit sa vie stratégiquement. Il n'ira pas à une fête ou dans un bar si sa stratégie ne l'exige pas. Cela signifie qu'il exerce une parfaite maîtrise sur lui-même et qu'il est en mesure d'accomplir tous les actes qu'il veut accomplir.

Sa vie est un continuel exercice de stratégie. Il ne cherche pas à découvrir le sens de la vie. Il n'a que faire du sens des choses. S'il ne peut éviter un accident, il trouve le moyen de palier aux conséquences ou de les combattre. Il ne reste pas à réfléchir sur leur sens. En revanche, il s'arrête, regarde en arrière pour reconsidérer sa démarche et la rendre plus impeccable, si nécessaire. C'est son moyen pour consolider ses gains.

Il agit comme s'il savait ce qu'il fallait faire alors qu'en réalité il n'en sait rien. Cela ne l'empêche pas de prendre la responsabilité du plus insignifiant de ses actes. L'homme ordinaire agit selon ses pensées. Le Guerrier intérieur laisse venir les choses à lui, sans y penser, et il agit.

Avec ses semblables, il suit aussi le « faire stratégique », et dans ce « faire » il n'y a ni victoires ni défaites. En termes de « faire », il n'y a que des actions, des actions implacables. L'implacabilité est le contraire de l'apitoiement sur soi. Des synonymes seraient « certitude » et « fermeté ».

Un Guerrier se tient constamment en garde contre la grossièreté du comportement humain. Un Guerrier est magique et implacable. C'est un non-conformiste aux goûts et aux manières extrêmement raffinés. Sa tâche mondaine consiste à aiguiser, mais aussi à camoufler, ses piquants pour que nul ne puisse soupçonner son implacabilité. Il semble s'adapter à son entourage mais ne perd jamais de vue son objectif ultime : manifester sa part du Plan d'évolution.

> *« Pour un Guerrier, l'implacabilité n'est pas la cruauté. L'implacabilité est le contraire de l'apitoiement sur soi-même et de la suffisance. L'implacabilité est la sobriété. »*
>
> DON JUAN MATUS

Un Guerrier choisit la compagnie ou l'affection de personnes ou de Guerriers dédiés au Plan, comme lui.

Le « faire » stratégique implique que l'on n'est pas à la merci des gens. Pour cela il faut avoir une intention précise à la base de chaque action. Une stratégie implique un but. Le Guerrier n'est jamais disponible et réduit au minimum les chances de l'imprévisible.

> « *Les accidents sont, la plupart du temps, des événements très faciles à éviter, sauf pour les imbéciles qui vivent à la va-vite.* »
>
> CARLOS CASTANEDA

Du point de vue stratégique, son choix est toujours le meilleur, même si, pour l'homme ordinaire, c'est une erreur. Ainsi, il accomplit tout ce qu'il doit faire avec plaisir et avec une compétence sûre.

Il oublie ce qui n'appartient pas à sa stratégie. Pour cela, il utilise sa *volonté* et sa *patience*. Il n'a rien d'autre et avec elles il construit tout ce qu'il veut.

L'impeccabilité

Aucun de nous ne résout rien. Seule notre inconscience et notre arrogance nous le font croire. C'est la Présence créatrice, Source du Plan d'évolution, qui le résout ou non à notre place en nous utilisant. C'est pourquoi l'impeccabilité est tout ce qui compte. Il s'agit de devenir une plume impeccable dans la main de l'Univers. Un Guerrier vit une vie impeccable et cela semble appeler la solution.

L'impeccabilité n'est pas la moralité. Ce n'est que la meilleure utilisation de notre niveau d'énergie. Naturellement, elle exige de la frugalité, du sérieux, de la simplicité, de l'innocence; elle exige par-dessus tout l'absence d'auto-admiration ou autocontemplation (voir p. 116).

L'impeccabilité, c'est faire ce qui est à faire à 100 %, en donnant le meilleur de nous-mêmes, et pas moins, dans tout ce que nous entreprenons. Les excuses n'ont aucun sens:

> « Qui veut faire quelque chose trouve un moyen,
> qui ne veut rien faire trouve une excuse[9]. »

Être impeccable, c'est agir avec un standard d'excellence, d'intégrité. C'est un refus d'agir d'une autre façon qu'à 100 %. Il ne s'agit pas de perfectionnisme. Pour le Guerrier, ce qui compte, c'est l'attitude avec laquelle il réalise les choses et non le résultat en lui-même. Le perfectionnisme implique que tout doit être fait de façon parfaite. Or, qui décide ce qui est parfait? C'est un simple jugement. Un Guerrier ne juge pas: il agit. Naturellement, il fera des erreurs en jouant à 100%. Et les erreurs sont correctes. Seuls ceux qui ne font rien ne font pas d'erreurs. Être impeccable ne signifie donc pas être parfait. C'est faire tout ce que nous faisons au maximum de nos connaissances et capacités.

L'esprit de combat

L'esprit d'un Guerrier n'est pas poussé à l'indulgence et à la complaisance, pas plus qu'il n'est dirigé vers la victoire ou la défaite. Il est destiné uniquement au combat et, pour lui, chaque combat est sa dernière bataille terrestre. Par conséquent, l'issue n'a pas d'importance. Son esprit est libre et pur. Alors, pendant qu'il poursuit sa bataille, parce qu'il sait que sa volonté est impeccable, il rit et rit sans cesse.

Même s'ils se placent dans un contexte d'action extérieur souvent banal, les combats du Guerrier sont intérieurs, avec une partie de lui-même qui a peur. Exemple:

1. Mise en situation: Dans un supermarché, vous découvrez vos céréales préférées sur deux étagères différentes, à des prix variant de 50 cents. Vous choisissez évidemment la boîte la moins chère. Arrivé à la caisse, il y a une file d'attente. Cela vous irrite quand vous êtes pressé, mais ce jour-là, vous avez en vous assez de pouvoir personnel et vous choisissez de prendre votre temps. Vous découvrez alors une petite affiche: «Politique d'exactitude des prix... Si la caisse affiche un prix différent de celui sur la tablette, vous emportez gratuitement le produit...» Arrive votre tour et, par curiosité, vous regardez l'afficheur de la caisse quand passe la boîte de céréales: le prix le plus haut apparaît!

2. Le combat: Votre dialogue intérieur commence à toute vitesse: «Merde! Qu'est-ce que je fais? Je ne dis rien, pour 50 cents, ça ne vaut pas la peine de discuter. Peut-être est-ce moi qui me suis trompé. J'ai dû mal regarder. Ce n'est peut-être pas le même produit. Oui, mais alors il n'était pas à la bonne place, car il y avait bien marqué un prix plus bas sous celui que j'ai pris!»

Tout cela se passe en quelques secondes avant d'entendre la voix de la caissière: «Ça vous fait un total de...» «Mais j'ai vu la caisse afficher un prix supérieur pour les céréales alors que le produit est marqué à 50 cents plus bas sur la tablette.» Un commis va voir. La ligne d'attente augmente, la pression monte. Le commis revient. Il ne voit pas deux endroits avec le même produit.

Nouveau dialogue intérieur: «Je laisse tomber. Non! Je ne suis pas fou, il y avait bien deux tablettes.» Vous retournez avec le commis qui découvre les deux tablettes, s'excuse, et la caissière vous dit: «Bien, nous allons vous compter le prix le plus bas».

Jouer à 100%: «La politique affichée du magasin est de donner gratuitement l'article». La caissière s'informe: «Seulement si le ticket est enregistré, monsieur.»

Aller jusqu'au bout impeccablement: «Ce n'est pas ce qui est inscrit.» «Vous avez raison. Je vais enlever le prix de cet article.» Fin du combat.

Nous n'avons pas besoin de champ de bataille grandiose. C'est en faisant face à nos peurs quotidiennes (ici, de déranger, de se tromper, etc.) et aux épreuves de la vie que nous les transformons et en extrayons l'énergie spécifique cristallisée. Car, pour capter une force, il faut s'opposer à elle et la capturer au vrai sens du terme.

Votre épicerie aujourd'hui n'a pas été un événement ordinaire. Vous l'avez transformé en combat, vous avez agi, sans agression mais jusqu'au bout, avec courage et impeccabilité. Peu importe le résultat. Car, même si un facteur inconnu avait modifié le résultat en vous faisant payer le prix le plus cher, un tel combat vous donne de la force, du pouvoir personnel.

*Un Guerrier est impeccable s'il a confiance en
son pouvoir personnel, qu'il soit insignifiant ou
considérable.*

5

Le pouvoir personnel

Pour éviter toute confusion ici, faisons d'entrée une distinction claire entre *le pouvoir utilisé par l'ego* à des fins personnelles et *le pouvoir utilisé par le Soi* au niveau de l'actualisation. La pyramide de Maslow, en page suivante, va nous y aider. Le Guerrier intérieur utilise son pouvoir à des fins de service, d'actualisation. Bien sûr, il l'utilisera aussi pour avoir ce dont il a besoin, (survie, sécurité, action, relation) mais il joue plus grand (harmonisation de la Planète): il met le pouvoir qu'il canalise au service des autres, de l'humanité. L'état de conscience habituel utilise le peu de pouvoir que nous avons à des fins égoïstes de domination (estime de soi, action), de manipulation, ou encore pour se sécuriser (survie, sécurité), se prouver quelque chose, pour le plaisir, pour recevoir l'approbation des autres (relation).

PYRAMIDE DE MASLOW
Lorsqu'un besoin est comblé, nous passons au suivant.

Le pouvoir personnel que chasse le Guerrier se manifeste sous forme d'énergie, de chance, d'aubaines ou de coïncidences. Quelle que soit la forme, « *nous pouvons la représenter par un petit bâton qui surgirait devant nous pour nous inviter à l'arracher. En général, nous sommes trop affairés ou trop occupés, ou simplement trop stupides et trop paresseux, pour nous rendre compte qu'il s'agit de notre centimètre cube de chance*[8] ». Au contraire, un Guerrier reste toujours vigilant et prêt. Il a alors l'élan et l'initiative nécessaires pour le saisir.

Le pouvoir qui se manifeste alors dépasse notre compréhension : au début, cette manifestation est quelque chose d'incroyable, d'inaccessible ; il est même difficile d'y penser. On ne peut pas le posséder ou même on ne peut pas vraiment se rendre compte qu'il existe. Malgré tout on sait qu'il y a là quelque chose, une énergie que l'on n'avait pas connue auparavant. Ensuite, le pouvoir se manifeste de façon incontrôlable, comme des coïncidences de plus en plus extraordinaires. Il est impossible de dire comment il survient ou ce qu'il est réellement. Ce n'est rien et pourtant, devant nos propres yeux, il fait surgir des merveilles. Le pouvoir est quelque chose en nous-mêmes, quelque chose qui contrôle nos actes et cependant nous obéit. C'est l'*Intention* (voir p. 133) qui se manifeste à travers le Guerrier.

Sept éléments permettent de cultiver le terrain où le pouvoir grandit.

La responsabilité[12]

Le Guerrier se reconnaît comme créateur de son univers et de sa vie. Il n'est pas victime de quoi que ce soit ou de qui que ce soit. Il ne blâme ni ne juge. Il expérimente tout ce qui se présente comme un défi ou une occasion pour apprendre et évoluer. Il reconnaît que toute situation est parfaite pour réaliser le Plan d'évolution personnel et collectif. Il sait que tout ce qui lui arrive est le résultat de ses pensées, de ses actes. Il en est la source. Ce point de vue lui donne une position de pouvoir, et non la position de victime, « bénédiction / malédiction » ou « chance / malchance » de la personne ordinaire. Si des événements ne font pas son affaire, il regarde à l'intérieur de lui ce qui a pu créer cela, et il agit en conséquence. Il se rappelle sans cesse :

> « *Ce n'est pas ce qui arrive qui détermine ma vie, mais ce que je décide de faire avec ce qui m'arrive*[9]. »

Celui qui a du pouvoir personnel voit tout comme une opportunité pour apprendre et grandir, même s'il ne comprend pas pourquoi il a attiré ces circonstances dans sa vie.

À celui qui n'accepte pas cette position et qui reste « victime » de lui-même, tout pouvoir est retiré. La maîtrise de notre vie n'arrive que si nous nous sentons créateurs. C'est parfois un point de vue qui est difficile à prendre. Le Guerrier l'expérimente, le travaille à chaque instant et le partage. Car c'est un des paradigmes les plus importants qu'un être humain puisse découvrir maintenant en ce qui concerne son évolution (pour approfondir cette notion essentielle au pouvoir personnel, voir note 12).

Non-jugement et estime de soi

Par ce deuxième élément, le Guerrier intérieur reconnaît librement et sereinement ses limites présentes. Il a la certitude de posséder le potentiel nécessaire pour accomplir ce qu'il choisit de faire dans sa vie s'il joue à 100 %. Ce n'est pas de la vanité. C'est une acceptation totale de ce qu'il est, avec ses forces et ses faiblesses, indépendamment du jugement ou de l'approbation des autres. Jugement ou approbation engendre orgueil et vanité. Paradoxalement, la confiance en soi vient d'une grande humilité.

Un Guerrier ne donne pas d'importance aux résultats de ses actions, donc à l'estime de soi portant sur son agir. Il joue à 100 % et sait que le résultat ne lui appartient pas: il ne dépend pas uniquement de sa volonté mais du Plan d'évolution dont il ne peut percevoir qu'une petite parcelle à travers *l'Intention* qui le guide.

Ce n'est pas l'action qui lui procure l'estime de lui-même, mais l'attitude impeccable avec laquelle il accomplit cette action. Cela lui apporte l'estime de soi à l'égard de son être, ou estime du Soi.

L'attitude positive envers la vie

Ce troisième élément du pouvoir personnel implique d'avoir la force d'esprit nécessaire pour être positif, reconnaître et valoriser ce qui fonctionne. La critique est l'apanage des faibles. Le Guerrier soutient tout ce qui est positif autour de lui. Il ne donne aucune énergie à ce qui paraît négatif (et souvent ne l'est pas autant que l'on pense, notre perception étant toujours restreinte par les limites de notre propre conscience et inconscience). Penser au négatif, c'est simplement le nourrir.

Il ne s'agit pas ici de «pensée positive», mais de maîtrise du mental. Cela implique d'avoir la force d'esprit de ne pas être victime du cynisme, la maladie majeure de notre temps. Le Guerrier a la force d'être positif malgré les épreuves de la vie. Il relève le défi d'affirmer que notre situation sur terre n'est pas sans espoir et que nous pouvons faire quelque chose pour améliorer ce qui ne fonctionne pas comme nous le voudrions. L'attitude ordinaire est de se laisser envahir par tout ce qui arrive. Choisir d'avoir une vision positive est ce qui garantit notre pouvoir individuel. Pour le Guerrier, « impossible » n'est pas spirituel. Il sait que tout peut arriver. Il agit impeccablement et attend patiemment.

Il n'y a pas de problèmes, pas de quêtes pressantes ou de missions désespérées à accomplir.

Attendre patiemment, tout en sachant que l'on est en train d'attendre. Voilà une autre attitude de Guerrier. Pendant qu'il attend, il ne désire rien.

Ainsi accueille-t-il avec reconnaissance le plus petit événement. S'il a besoin de manger, il découvre un moyen, parce qu'il n'est pas dominé par sa faim. Si quelque chose le blesse, il trouve un moyen de l'arrêter, car son attention n'est pas tournée vers sa souffrance. Être dominé par la faim ou la souffrance signifie que l'homme s'est laissé aller et qu'il n'est plus un Guerrier. Les forces de sa faim et de sa souffrance le détruisent.

Si nous pouvions réduire nos besoins à rien, la plus petite des choses que nous aurions serait un véritable cadeau.

Habituellement, nous utilisons l'argent comme moyen pour satisfaire nos désirs: là tout est bon, gagner, hériter, emprunter, mendier ou voler pour assouvir des désirs coûteux. Le Guerrier choisit de vivre une vie simple, sans désirs, ce qui ne veut pas dire sans volonté. Il reste libre, non aliéné. Il part d'un esprit de service (voir p. 101), non d'égoïsme. Son plaisir est de donner toute son attention à chaque instant. Et cela ne coûte rien. Voilà un avantage de la voie du Guerrier. Elle est meilleur marché! Le secret du bonheur peut se dire d'une autre façon: développer la capacité d'apprécier ce qui est là plutôt que de vouloir toujours plus.

La confiance en l'univers

Le quatrième élément pour développer notre pouvoir personnel est le sentiment d'être totalement supporté par cette dimension que l'on appelle Dieu, la Présence, l'Univers, l'Énergie cosmique ou le nom que l'on veut. Le Guerrier a une confiance fondamentale dans une énergie de vie qui le dépasse. Il avance sur son *Chemin-qui-a-du-cœur* avec cette confiance. Ainsi, il ose risquer. Il est confiant que l'Univers est bienveillant et le soutient dans son action. Il sait qu'il n'est pas seul. Alors, pour que la magie s'empare de lui, il chasse le doute de son esprit.

> *«Le pouvoir des animaux sauvages vient de ce qu'ils ne doutent pas, car un animal ne pense pas. Il ne fait que savoir. »*
>
> DON JUAN MATUS

Cette capacité d'expérimenter une relation avec l'Univers est fondamentale dans le pouvoir individuel. Sans elle, il serait bien difficile parfois de prendre des risques. Avec elle, un Guerrier sait qu'il arrivera toujours à ses fins[14], par conséquent il ne se soucie de rien. Un chasseur sait qu'il prendra le gibier à son piège car le gibier est prévisible, comme l'homme dans sa conscience ordinaire. Se faire du souci, nous l'avons vu, c'est devenir accessible et perdre de l'énergie.

Un Guerrier est intrépide. Il veut découvrir, saisir avec son cœur tout ce que la logique de ce monde et les remparts de nos propres jugements nous incitent à repousser. Il est entier, sans modération. La modération, c'est la médiocrité, la peur et la confusion déguisées. C'est la tromperie raisonnable du diable. C'est le compromis qui ne satisfait personne. C'est une façon d'être pour ceux qui craignent de rire ou de pleurer, pour ceux qui ont peur de vivre et de mourir.

La souplesse face au changement

Pour faire place à plus de pouvoir personnel, le Guerrier sait lâcher le contrôle issu de l'ego et de ses peurs. Il ne résiste pas. Il accueille le changement comme une opportunité d'expérimentation nouvelle. Il fait confiance en la sagesse de la vie qui le guide et sait suivre le mouvement de façon souple et harmonieuse. Car toute résistance bloque l'énergie et le processus de croissance.

La seule chose permanente est le changement.

Tout change. Si nous résistons, nous perdons du temps, du pouvoir et de l'énergie. Nous devenons stressés. Ce conte zen illustre la souplesse face aux événements.

Dans un petit village de pêcheurs, au Japon, vivait une jeune femme qui donna naissance à un enfant, sans être mariée. Ses parents se sentirent humiliés et demandèrent qui était le père. Apeurée, elle refusa de le leur dire. Le pêcheur qu'elle aimait lui avait confié en secret qu'il allait partir faire fortune et reviendrait l'épouser. Ses parents insistèrent. Désespérée, elle désigna comme père Hakuin, un moine qui vivait dans les montagnes.

Les parents outragés partirent avec le bébé chez le moine. Ils tambourinèrent à la porte jusqu'au moment où Hakuin ouvrit et ils lui tendirent l'enfant. « Ceci est à toi ; à toi d'en prendre soin ! »

« S'il en est ainsi », dit Hakuin. Il prit l'enfant dans ses bras et salua les parents qui repartaient déjà.

Une année s'écoula et le vrai père revint pour épouser la jeune femme. Les parents stupéfaits et en colère se rendirent une seconde fois chez Hakuin pour lui demander l'enfant.

« Tu nous as laissés croire que c'était ton enfant. Donne-nous notre petit, voleur ! ».

« Qu'il en soit ainsi », dit Hakuin, en leur rendant l'enfant.

Voici maintenant un moyen d'entraîner notre souplesse face aux changements. C'est le sixième élément du pouvoir personnel.

Sortir des conditionnements[8]

Sortir des conditionnements, « Ne pas faire », est le résultat de l'art du *traqueur* (voir p. 43). Cela consiste à introduire un élément dissonant dans la structure de notre comportement quotidien. Le but est d'interrompre le déroulement habituel des événements ordinaires – événements qui étaient catalogués dans nos esprits par notre raison.

L'élément dissonant s'appelle le « non-faire » ou le contraire de faire. Le « faire » désigne tout ce qui fait partie d'un ensemble pour lequel nous avons une explication cognitive. Le « non-faire » est un élément étranger à cet ensemble répertorié.

Le « non-faire » est un jeu de perception où l'on concentre son attention sur tous les aspects du monde que l'on néglige habituellement, comme l'ombre des choses.

Notre attitude ordinaire est généralement rationnelle. Nous croyons connaître les choses. Mais que connaissons-nous ? Uniquement la forme des choses. Nous sommes les témoins des actions des gens. Notre expérience se réduit uniquement à ce que les gens nous font, à ce qu'ils font aux autres. Nous ne connaissons rien de ce monde mystérieux et inconnu. Ainsi, lorsque nous regardons un arbre, par exemple, ce que nous savons faire est de nous concentrer immédiatement sur le feuillage. Jamais nous ne nous occupons de l'ombre des feuilles ou de l'espace entre les feuilles. Pourtant notre monde dépend de ce sur quoi on insiste. Un Guerrier peut découvrir beaucoup de choses dans les ombres. Les résultats sont surprenants. Et le corps aime cela parce que notre attention le réveille. Il devient plus alerte, plus vivant, plus dynamique, plus fort.

Entraînement: «*Parfois nous pensons que nous sommes pourris. Ça, c'est notre "faire". Maintenant, pour modifier ce "faire", à partir de cet instant et pour huit jours, nous pouvons nous mentir à nous-mêmes. Au lieu de nous raconter la vérité, que nous sommes laids, pourris jusqu'à la moelle, inadaptés, nous nous raconterons que nous sommes exactement le contraire, tout en sachant que nous mentons et qu'il n'y a aucun espoir pour nous*[8].»

Cela peut nous fixer sur un autre « faire » et nous aider à comprendre que les deux « faire » sont faux, irréels, ne sont que des mensonges. Prendre l'un d'eux comme point d'articulation de la vie n'est qu'un gaspillage de temps. La chose réelle est l'être derrière les « faire ».

La volonté de sortir de ces conditionnements et l'attention nécessaire se cultivent chaque jour en modifiant volontairement nos habitudes. Le choix est vaste, car toute habitude en elle-même, tout rituel automatique et inconscient est négatif. En revanche, aucune activité spécifique – fumer, boire, manger du sucre, faire l'amour, jouer, etc. – n'est ni bonne ni mauvaise. Chaque action a son plaisir et son prix. En étant attentif à ces deux aspects, le Guerrier devient réaliste et responsable de ses actions. Il a alors le choix de faire ou de ne pas faire, puis vit ce choix sans inquiétude sachant que la mort le guette à chaque instant.

Apprivoiser la mort[8]

Nous avons vu qu'un Guerrier choisit un *Chemin-qui-a-du-cœur* et le suit. Pour le fouler avec joie, il utilise sa *folie contrôlée* car il sait que sa vie se terminera bien trop tôt et que rien n'est plus important qu'autre chose.

Il sait qu'en avançant sur le chemin de la connaissance du Plan, il doit, à tout moment, faire face à une imminente annihilation de sa personnalité. Inévitablement, il acquiert une conscience aiguë et authentique de sa propre mort. Le tout, sans se centrer sur lui, ce qui deviendrait débilitant. Ainsi cette conscience doit s'accompagner du détachement. L'idée de la mort, au lieu de tourner à l'obsession, devient alors indifférence.

Sans la conscience de la mort, le Guerrier n'aurait pas la puissance et la concentration indispensables pour transformer son temps sur terre en pouvoir personnel.

L'idée de la mort est donc d'une importance monumentale dans sa vie. Sans une vision claire de la mort, il n'y a pas d'ordre, pas d'équilibre, pas de beauté. Les Guerriers luttent pour acquérir cette perspicacité capitale afin de pouvoir prendre conscience, au niveau le plus profond, que rien, absolument rien, ne leur garantit que leur vie se poursuivra au-delà de l'instant. Cette prise de conscience leur donne le courage d'être patients, mais d'agir; le courage d'être consentants sans être stupides.

Notre attitude ordinaire la plus coûteuse est de nous complaire dans un sentiment d'immortalité comme si ne pas penser à la mort nous en protège. Cela nous protège juste de l'inquiétude qu'elle suscite. Cette politique de l'autruche est sans espoir et elle nous enlève notre stimulant vital. La plupart des gens agissent alors dans la vie sans jamais se battre vraiment, ni réfléchir avec intensité.

Un Guerrier pèse chacun de ses actes. Comme il a une conscience intime de sa mort, il agit de façon judicieuse, comme si chaque acte était sa dernière bataille, qu'il livre avec respect en donnant le meilleur de lui-même. C'est pour lui un plaisir qui rend sa peur supportable.

Il faut nous en convaincre : dans notre monde, la mort est la seule chose irrévocable. Nous sommes des êtres qui allons mourir, mais nous n'y croyons pas. C'est dommage car c'est merveilleux ! Pensez à ce qui peut être accompli par un être qui sait qu'il va mourir, qui en est pleinement conscient. C'est cette idée de la mort qui donne du courage au Guerrier. Le courage d'être rusé sans être vaniteux et, surtout, le courage d'être implacable sans être *suffisant*.

« La mort est le plus grand des plaisirs. C'est pour ça qu'on la garde pour la fin. »

CARLOS CASTANEDA

La mort est notre seul défi. Nous sommes nés pour relever ce défi, que nous soyons des hommes ordinaires ou des Guerriers. Les Guerriers le savent; les hommes ordinaires, non. En fait, les gens n'ont pas conscience que la mort est leur seul adversaire. Mais ils n'ignorent pas le temps qui passe et qui leur manque... pour faire tout ce qu'ils voudraient faire... avant de mourir. Le stress les envahit parce qu'ils ne mettent pas de temps sur leurs priorités de vie, ni même de temps pour s'arrêter et choisir ces priorités. Le temps leur file entre les doigts, bouffé par leur routine quotidienne.

Sachant qu'il n'a pas la possibilité d'éviter sa mort, le Guerrier n'a qu'une chose sur laquelle il puisse s'appuyer: le pouvoir de ses propres décisions. Il est maître de ses choix et, une fois faits, il n'a plus de temps pour des regrets ou des lamentations. Ses décisions sont irrévocables simplement parce que la mort ne lui laisse pas le temps de se cramponner à quoi que ce soit. Alors, avec détachement, il suit son chemin avec stratégie. La connaissance de sa mort le guide, le rend détaché et silencieusement robuste. Si les choses deviennent confuses, un Guerrier pense encore à sa mort.

La mort nous guette à chaque instant. Elle attend le moment. Chaque jour, le Guerrier sait qu'il peut mourir et il agit au mieux, comme si c'était sa dernière journée. Pourtant, il ne pense jamais qu'il ne survivra pas à tel événement. Il vit sa vie stratégiquement, en choisissant ses priorités... tout en restant souple face aux cadeaux imprévus et incroyables que nous offre cette vie mystérieuse. La mort est source de pouvoir : la plus petite connaissance que le Guerrier acquiert ne devient pouvoir qu'en ayant la mort comme force centrale. La mort donne l'accord final et tout ce qu'elle touche devient pouvoir.

La vie est le processus à travers lequel la mort nous défie. La mort est la force active. La vie est l'arène. Dans cette arène il n'y a que deux rivaux, peu importe le moment : soi et la mort. L'attitude ordinaire consiste à croire que c'est nous, les êtres humains, qui lançons le défi. Réfléchissons : nous ne sommes que passifs. Si nous bougeons, c'est seulement parce que nous ressentons la pression de la mort. Soyons-en conscients : la mort règle nos actions et nos sentiments et nous pousse implacablement jusqu'au moment où elle nous brise et gagne le combat ou bien alors nous nous dépassons et nous la vainquons. Car nous pouvons la vaincre.

Vaincre la mort, c'est ne jamais avoir à dire : « Je suis désolé » ou « je regrette » ou « j'aurais dû... ». Si un Guerrier doit être écrasé, c'est en se battant et non en s'excusant ou en s'apitoyant sur lui-même. Et peu importe la nature de notre destin spécifique, tant que nous l'affrontons avec un abandon fondamental.

Les Guerriers vainquent la mort et la mort reconnaît sa défaite en les laissant partir librement, en paix avec eux-mêmes. Elle cesse de les défier.

Le Guerrier ne souhaite pas la mort. Il n'essaye même pas d'imaginer ce qu'elle est. Il est là, simplement, pour qu'elle le prenne dans son courant le moment venu. Pourtant, il n'est jamais prêt pour sa mort. Il est prêt seulement pour le combat. C'est sa meilleure façon d'être prêt pour sa mort.

> « La mort n'est pénible que lorsqu'elle survient quand on est au lit, malade. Quand tu te bats pour ta vie, tu n'éprouves pas de souffrance. Si tu éprouves quelque chose, c'est de la jubilation. »
>
> DON JUAN MATUS

Traqué par la mort, le Guerrier n'a pas le temps de douter ni d'avoir de remords. À l'opposé, l'homme ordinaire qui agit comme s'il était immortel, perd son temps en annulant des décisions prises à la va-vite. Il regrette. Il doute.

Un Guerrier n'essaye pas de se précipiter en avant, plein de projets pour demain. Car demain ne viendra peut-être jamais. Il apprécie aujourd'hui comme si c'était son dernier jour et il sert l'humanité avec une joie réelle.

6

Le service efficace et intelligent

Paradoxalement, servir donne encore de l'énergie au Guerrier. Pour le comprendre, on peut utiliser une analogie entre le service envers l'humanité et le courant électrique. Le courant ne passe que lorsqu'il fournit de l'énergie à quelque chose qui se trouve en dehors de lui-même. L'égoïsme détourne l'énergie aussi sûrement qu'un court-circuit.

Un Guerrier travaille à construire et éclairer la société humaine. Pour être au service de façon efficace, il fait les petites choses du quotidien aussi bien, sinon mieux, que ceux qui pensent que la vie est limitée à une routine sans intérêt.

Cinq éléments guident sa stratégie de service :

1. *Le Guerrier soutient et encourage tout ce qui est positif et qui fonctionne. Il utilise toute son énergie à construire.*

Il refuse de critiquer ou de détruire (à partir de l'ego).
Au plus, il remarque, sans insister, les erreurs de
ce qui ne fonctionne pas pour ne pas les répéter.
Il cesse de s'occuper des affaires des autres et
apprend à créer positivement dans sa propre vie.
Il est *pour* quelque chose plutôt que *contre*
quelque chose. Pour lui, ce qui est « anti » ne
mène nulle part.

2. *En toute humilité, il construit et bâtit sur ce qui fonc-*
tionne déjà et à partir de ce que les autres lui appren-
nent, au lieu de recommencer à zéro. Il place son énergie
dans ce qu'il veut créer. Pour être efficace, il n'est
pas nécessaire de tout recommencer.

3. Il est *courageux, hardi, pour créer quelque chose qui*
n'a jamais été accompli auparavant, quelque chose
de totalement neuf. Les temps sont propices au
nouveau. Les esprits s'ouvrent aux changements
réellement alternatifs qui pourront remplacer les
solutions insatisfaisantes aux problèmes actuels
de notre société.

4. *Le Guerrier intérieur est capable d'extrapoler ce qu'il*
expérimente dans sa vie personnelle à son champ de

service. Il transpose sa croissance personnelle à la croissance collective.

5. *Il joue à 100% afin de maîtriser son champ d'action, son travail, et d'y exceller, parce qu'avant tout il l'aime et il aime la vie.* Khalil Gibran écrivait: « Le travail, c'est l'Amour rendu visible. »

Mais de quel amour s'agit-il?

7

L'Amour inconditionnel

L'Amour inconditionnel (que nous écrivons avec un grand « A ») est un état non passionnel. Il est accompagné d'une joie beaucoup plus fine, beaucoup plus riche que ce qu'on appelle habituellement « l'amour ». Ce mot cache souvent un ensemble d'aliénations et de blocages intérieurs, sources de dépendances ou de manipulations affectives.

Nous confondons souvent Amour et attachement. Ne disons-nous pas : « Je suis attaché à mon conjoint, à mes enfants, aux êtres qui me sont chers. » Cher est le coût, en effet, de cet attachement ! Ce penchant permet de sentir une certaine proximité et de connaître de brefs moments de bonheur. Cependant, la perte de distance avec le vécu de notre pièce de théâtre – familiale ou professionnelle – nous fait nous identifier au rôle que nous jouons auprès de ces personnes. Nous devenons liés à eux.

> « *La motivation de l'Amour vrai, c'est un désir passionné que l'objet aimé actualise pleinement sa propre perfection inhérente, indépendamment des conséquences pour celui qui aime – c'est un état de service.* »
>
> STEWART EMERY

L'attitude du Guerrier est une affection détachée. Elle lui permet de tenir son rôle avec abandon et plaisir, en veillant attentivement à ce que cette affection ne se transforme pas en passion éperdue qui lui ferait perdre son efficacité de service. Car alors son sentiment de détachement, qui était ce qui lui avait donné le pouvoir d'Aimer, disparaîtrait. Sans ce détachement, il éprouve seulement les besoins caractéristiques de la vie de tous les jours et ressent du désespoir et du désarroi.

Pour éviter cela, il lui faut se donner un objectif abstrait[13], comme la liberté. Même si nous ne comprenons pas exactement ce qu'est la liberté d'être,

nous pressentons qu'elle est le contraire de nos propres besoins concrets.

La pauvreté est l'état qui écrase l'homme quand
il est dominé par ses besoins concrets.

> «Aimer ce n'est pas faire que l'objet de votre
> Amour se sente confortable superficiellement...
> L'Amour est la sagesse qui voit loin et qui
> cherche à rendre vivant dans l'objet de son
> Amour toutes les facultés ou qualités qui peu-
> vent lui permettre un progrès sûr.»

ALICE A. BAILEY

L'Amour inconditionnel, c'est la capacité d'aimer
au-delà des désirs personnels et illusoires. C'est un
Amour sans «oui, mais». Cet Amour est à la source de
l'énergie et de la puissance du Guerrier intérieur. Il
permet une compréhension large de la condition
humaine et apporte de l'empathie, c'est-à-dire une
qualité d'émotion enrichie par la compréhension de
notre humanité. Elle diffère de la compassion dont le
sens est souvent teinté d'apitoiement sur le sort de
l'autre, reflet de notre apitoiement sur nous-mêmes.

Les Guerriers ne s'apitoient plus sur eux-mêmes. Sans la force agissante de l'apitoiement sur soi, la compassion n'a aucun sens.

La folie contrôlée implique qu'un Guerrier ne peut plus avoir d'attachement ou d'affection pour un de ses semblables. Il n'est plus « affecté » par leur comportement. Il Aime en profondeur et cherche à faire émerger cette profondeur chez lui et chez les autres. Notre attitude ordinaire s'intéresse trop à « aimer » les gens ou à se faire « aimer » des gens. Un Guerrier Aime, c'est tout. Il Aime ce qu'il veut et il se sert de sa folie contrôlée pour ne pas s'y attacher. Ce qui est à l'opposé du comportement ordinaire. Pour notre vie, il est bien plus essentiel de suivre avec intensité et Amour notre *chemin-qui-a-du-cœur* que de chercher à « aimer » les gens ou à se faire « aimer » par les gens. Nous ne pouvons compter sur les autres, même si parfois une âme charitable ou un guerrier Aimant peuvent nous donner un coup de pouce.

> « *L'homme doit bien le comprendre : son évolution n'intéresse que lui. Personne d'autre n'y est intéressé. Et il ne doit compter sur l'aide de* »

personne. Car personne n'est obligé de l'aider, et personne n'en a l'intention. Au contraire, les forces qui s'opposent à l'évolution des grandes masses humaines s'opposent aussi à l'évolution de chaque homme. C'est à chaque homme de les déjouer. »

GURDJIEFF

Un Guerrier Aime inconditionnellement et, en un sens, il ne se consacre qu'à lui-même ! Encore un paradoxe. Tout commence et finit avec lui-même. Il suit son chemin et le contact avec l'abstrait le pousse à surmonter le sentiment de sa propre importance. Alors le « moi » devient abstrait et impersonnel.

8

L'intégrité et la pureté d'intention

L'intégrité consiste à vivre en vérité avec soi-même et avec les autres. En particulier, c'est la capacité de s'engager et de tenir ses engagements. Être intègre, ce n'est pas se soumettre à un ordre établi. C'est oser vivre et agir en fonction de sa propre vérité intérieure. Cela demande du courage, de l'autonomie et un sens clair de nos propres valeurs intérieures, libre de l'influence de l'opinion des autres.

Cette intégrité génère une grande paix intérieure, ce qui libère l'énergie de nos contradictions. Être intègre signifie que le Guerrier incarne ce qu'il enseigne et n'enseigne que ce qu'il incarne. En voici un exemple :

Une mère conduisit son jeune fils chez le Mahatma Gandhi. Elle le supplia : « Je vous en prie,

Mahatma, dites à mon fils de ne plus manger de sucre. Cela ruine sa santé. »

Gandhi réfléchit, puis déclara: « Ramenez votre enfant dans quinze jours. » Surprise, la femme le remercia et promit de faire ce qu'il lui avait demandé.

Quinze jours plus tard, elle revint avec son fils. Gandhi regarda le jeune garçon dans les yeux et dit: « Ne mange plus de sucre, cela détruit ta santé. »

Reconnaissante mais étonnée, la femme le questionna: « Pourquoi m'avez-vous demandé de le ramener après deux semaines? Vous auriez pu lui dire la même chose la première fois. »

Gandhi répondit: « Il y a quinze jours, je mangeais encore du sucre. »

L'intégrité est une qualité formidable et si difficile à atteindre: être monolithique et en même temps avoir la flexibilité de faire face souplement à tout ce qui se présente; sans l'intégrité, un chemin ne peut avoir de cœur.

Il est temps maintenant de plonger au centre du combat que le Guerrier mène avec son ego et ses besoins aliénants.

9

L'impersonnalité

Le Guerrier intérieur n'est plus identifié aux désirs conscients ou inconscients de sa personnalité. Il ramène sa conscience à un niveau supérieur, ce qui lui permet de s'actualiser (voir la Pyramide de Maslow, p. 80). Les préoccupations quotidiennes n'occupent plus la place centrale. Il voit plus loin. Il a dépassé les tourments des désirs, cause de la souffrance, comme l'enseigne le Bouddha Gautama :

> « L'union avec ce que l'on n'aime pas est douleur, la séparation d'avec ce que l'on aime est douleur, ne pas obtenir ce que l'on désire est douleur. Dans le désir, la vie est souffrance. »

Agir sans désir, sans récompense au bout, nous paraît absurde. Notre attitude ordinaire nous pousse à l'action, seulement si nous y trouvons une occasion de bénéfice personnel. Agir sans envisager un bénéfice est vraiment un concept qui nous est étranger. Nous sommes élevés dans l'idée d'investir et d'espérer une certaine récompense pour tout ce que nous faisons.

Les actes du Guerrier impliquent un autre propos qui n'a rien à voir avec un bénéfice personnel. Il n'agit pas pour le profit mais pour l'esprit. Il agit impersonnellement et avec plaisir. Et on ne peut pas considérer comme un bénéfice le plaisir qu'il prend à ses actes. Cela fait plutôt partie de son caractère.

L'impersonnalité, c'est briser les chaînes de notre narcissisme, de notre auto-admiration ou *autocontemplation*. Briser nos chaînes est extraordinaire, mais personne ne souhaite réellement être libre. Car une fois nos chaînes brisées, nous ne sommes plus ligotés par les préoccupations de tous les jours. Nous sommes disponibles à l'insondable mystère du monde et cela nous fait peur. Le Guerrier se trouve toujours dans ce monde du quotidien, mais il y est étranger. Pour en faire partie et agir, le Guerrier doit partager les préoccupations des gens. Sans chaînes, il ne le peut pas. C'est pourquoi il utilise sa folie contrôlée.

Pour en arriver à briser ces chaînes, nous devons quitter notre autocontemplation et son corollaire, la suffisance.

> « Ce qui caractérise les gens normaux, c'est le fait d'avoir en commun un poignard métaphorique, à savoir les préoccupations de l'autocontemplation. Nous nous blessons avec ce poignard, et nous saignons ; et la fonction de nos chaînes d'autocontemplation est de nous donner le sentiment que nous saignons ensemble, que nous partageons une chose merveilleuse : notre humanité. Mais en étudiant ce phénomène, on découvrirait que nous saignons seuls, que nous ne partageons rien, que nous jouons avec notre image irréelle, maniable, fabriquée. »

Don Juan Matus

La suffisance est la force engendrée par l'image que l'homme a de lui-même. En démasquant la suffisance on découvre qu'il s'agit d'apitoiement sur soi déguisé. Chacun de nous manifeste un attachement d'une intensité différente à son autocontemplation. Cet attachement est ressenti sous forme de besoins plus ou moins intenses. Vaincre la suffisance, devenir impersonnel, c'est mourir aux besoins aliénants de notre personnalité. Si quelqu'un nous rend conscients du fait que nous devons réduire notre suffisance, alors il s'agit d'une aide véritable, d'un guide qui contribue à réduire en miettes nos miroirs d'autocontemplation.

Quand la suffisance devient plus limitée, le Guerrier accède à un état d'esprit d'abandon, mais pas d'insouciance; un état d'esprit de bienveillance, mais pas de complaisance. Alors, l'énergie que la suffisance mobilisait n'est plus dépensée. Le Guerrier la récupère et l'utilise comme un tremplin qui le pro-jette automatiquement en avant dans son voyage inimaginable vers l'abstrait.

Comme notre esprit représente notre rationalité, et que notre rationalité est notre autocontemplation, tout ce qui est au-delà de notre autocontemplation nous épouvante ou nous attire, selon notre person-nalité. Cet «au-delà du rationnel», c'est l'abstrait.

Le Guerrier utilise chaque occasion de prendre conscience de la nécessité d'abstraire. Abstraire ici ne veut pas dire «penser abstraitement». Abstraire signifie se rendre disponible à l'esprit en devenant conscient du Plan d'évolution. C'est à la fois un état de réceptivité intérieure (passif) et une attention (active) portée sur le monde des causes au-delà des phénomènes.

Quand un événement l'affecte, le Guerrier ne le prend pas personnellement. Pour s'en sortir, il s'accroche à un sentiment que l'on peut décrire par les mots «Et maintenant, la vie continue...». Quand tout s'effondre autour de lui, le Guerrier admet qu'il s'agit d'une situation terrible puis reprend son chemin avec courage et légèreté en disant: «Et maintenant, la vie continue...». C'est encore une autre «raison» de passer pour un fou!

Le Guerrier ne se sent pas au centre de la vie des autres. Ils sont leur propre centre et les personnes de leur entourage ne sont que des éléments dans *leur* pièce de théâtre dont ils ont le rôle principal. S'ils agressent le Guerrier, pourquoi ce dernier se sentirait-il offensé?

Ils ne font que jouer leur rôle : seriez-vous offensé par l'assaut d'un lion qui vous attaquerait dans la savane. Cela serait certainement déplacé et absurde de penser s'en offusquer. Le Guerrier éprouve le même sentiment en ce qui concerne les assauts de ses frères humains. Il doit se protéger, ou s'éloigner d'eux, mais sans se sentir moralement lésé.

Nous avons vu que pour arriver à l'impersonnalité, le Guerrier doit quitter son autocontemplation. Pour cela il doit éliminer la suffisance qui se nourrit du sentiment qu'il a de sa propre importance.

10

L'humilité, ou
perdre sa propre importance

L'humilité provient de notre capacité de nous détacher des jeux illusoires de la personnalité, de perdre l'importance de nous-mêmes. Nous nous définissons par notre propre histoire personnelle alourdie de nos traumatismes passés. Cette attitude nous définit, nous limite, nous enferme, non seulement par le regard que nous avons sur elle, mais aussi par le regard qu'ont ceux qui connaissent cette histoire.

S'éloigner du « moi », de l'ego, est un combat sur un champ de bataille extrêmement difficile et ennuyeux. L'ennemi n'est pas clairement défini. Un Guerrier s'engage sur ce terrain et transforme son passé figé. Il en récupère ainsi l'énergie. Pour cela il lui faut prendre conscience de ce fait : ne parlons-nous pas d'attachement au passé, à notre ville natale, à nos parents, à ce que nous mangions quand nous étions jeunes, en ajoutant, « c'était bien mieux qu'aujourd'hui ». Souvent la prise de conscience seule ne suffit pas et il est nécessaire pour le Guerrier de dénouer, petit à petit, ce passé par des approches énergétiques (non mentales[15]).

Enfin, il arrête de perpétuer ce passé : il évite de parler de lui, de sa vie, de ses défis ou de ses désirs. Ce point est important parce que les autres se font alors une image précise de nous selon le scénario de leur pièce de théâtre. Nous devenons, pour eux, quelque chose de défini, de statique, d'immuable, qui va de soi. Nous perdons leurs regards interrogateurs et curieux. Nous ne captons plus leur attention à notre imprévisibilité et nous parvenons alors à un ennui mortel de nous-mêmes et du monde.

Effacer notre passé peut sembler impossible : alors, le Guerrier crée un flou, un brouillard autour de lui afin de ne pas être défini par les autres. Rien n'est plus certain, réel et immuable, ni pour lui, ni pour les autres. Il reste en alerte sur son chemin, excitant comme une aventure… dont il est le héros.

Aussi longtemps que nous croyons que notre histoire personnelle est importante, nous nous croyons important et nous ne pouvons apprécier le monde qui nous entoure. Nous nous voyons séparés de tout le reste.

Nous sommes au centre de notre vie,
non au centre de l'univers.

Quand nous sommes définis par les autres, il nous faut alors dépenser beaucoup plus d'énergie que nécessaire pour nous convaincre nous-mêmes que nous sommes autre chose qu'un figurant dans la vie des autres. Évoluer et nous recréer en permanence dans l'inconnu devient très difficile. Nous devons trancher le cours de leurs pensées qui créent cette limitation. Nous pensons tous des choses contradictoires. Seul ce qui est pensé le plus fortement se manifeste dans le monde. Les autres nous définissent avec cette image, qui nous colle à la peau et freine notre évolution.

Par exemple : nos parents voient le plus souvent l'homme et la femme que nous sommes devenus comme l'enfant qu'ils connaissaient. Inconsciemment, ils ne veulent pas du changement. Il faut que nous restions leur enfant. Du jour où nous partons mener notre vie, le « cordon ombilical » doit être coupé. D'un bord comme de l'autre, nous devons couper la relation parent/enfant, pour établir celle d'adulte à adulte. Père, ou mère, est seulement un rôle, une fonction d'éducation définie dans le temps. Cet exemple peut s'étendre à toutes les proches relations.

> *« Effacer notre histoire personnelle nous libère*
> *des encombrantes pensées de nos semblables. »*

CARLOS CASTANEDA

Chaque fois qu'il a l'occasion d'aller dans un milieu qui ne le connaît pas, le Guerrier met de l'avant un trait de caractère. Il « joue » une attitude qu'il veut développer ou acquérir et qui ne lui est pas naturelle. Par exemple, la ponctualité. Pendant quelques semaines il se discipline pour arriver à l'heure. Si on lui fait des remarques dans ce sens, il confirme : « Oui, pour moi c'est important. J'aime être à l'heure », plutôt que : « C'est rare que ça m'arrive ». En quelques jours, chacun aura créé l'image d'une personne qui est à l'heure. Il lui devient facile d'être ponctuel car toutes les pensées des autres le supportent.

Un Guerrier reste donc vague quant à sa vie, ses occupations. Cela ne regarde que lui. Les questions que les autres posent servent à lui coller une étiquette : gentil, dangereux, sexy, cultivé, riche ou pauvre, etc. Il fait ce qu'il faut pour avoir l'étiquette du rôle qu'il veut jouer sur son chemin. Mieux encore, il recherche les étiquettes indéfinies comme : « drôle de personne », « bizarre » ou « Nous ne savons qu'en penser ». Le plus souvent il parle peu, et reste discret et concentré sur son équilibre.

11

Équilibre des cinq parties de l'être[9]

Pour un Guerrier, être équilibré c'est avoir réussi l'unification des cinq parties de l'être. Nous allons en faire une brève description et ajouterons en annexe (p. 143) quelques directives pour entraîner ces cinq parties :

1. **Le corps physique,** qui doit être un véhicule efficace au service, habité avec joie par l'âme. Le Guerrier en prend soin pour qu'il soit en santé, rayonnant (ce qui ne signifie pas forcément beau) et fort.

2. **Le corps mental** oscille entre la capacité de concentration et la capacité d'ouverture. Pour être harmonieux, le Guerrier cherche l'équilibre entre un mouvement de création vers l'extérieur et un mouvement intérieur silencieux et paisible de totale réceptivité.

3. **Le cœur :** Le guerrier est totalement engagé dans ce qu'il fait et est illuminé par le mental supérieur. Il maîtrise ses émotions négatives et manifeste les émotions supérieures. Toute émotion négative non maîtrisée détruit notre pouvoir intérieur, notre pureté. Elles sont totalement inutiles dans notre vie. Le Guerrier intérieur a su les dissoudre et récupérer la totalité de l'énergie émotionnelle pour son propre épanouissement et celui de ceux qui l'entourent et qu'il sert.

4. Le Guerrier est en contact avec **le Soi** à travers les émotions. Il laisse l'Amour inconditionnel du Soi s'insinuer dans toutes ses actions et tous ses corps, physique, émotionnel et mental.

5. Enfin, son lien avec **l'Intention** fait de lui un être au service de l'évolution positive de la Planète. Ce sens d'appartenance planétaire est une caractéristique du Guerrier.

Et les pouvoirs spéciaux, magiques ? Avec ses cinq parties de l'être à équilibrer, le Guerrier n'a pas de temps à perdre à s'entraîner pour acquérir des pouvoirs « magiques ». Ces potentialités paranormales, telles que la télépathie, la lévitation, la télékinésie, la clair-voyance et bien d'autres, sont, pour un Guerrier, sans intérêt. Le seul pouvoir qui compte pour lui est la con-naissance sans cesse plus vaste de notre monde mys-térieux. C'est le seul pouvoir capable de le rendre heureux. Il ne peut pas atteindre le bonheur, c'est le bonheur qui l'atteint, mais seulement quand il a renoncé à tout le reste.

> *« Rien ne lui sert de développer du temps et de l'énergie à acquérir des pouvoirs. Ils lui vien-dront naturellement au cours de son développe-ment. Il faut qu'ils lui viennent. Et si le Maître voit qu'il lui serait utile de les avoir plus tôt, il lui dira comment les développer en toute sécu-rité. Jusque-là, il vaut mieux qu'il ne les pos-sède pas. »*
>
> KRISHNAMURTI

L'enseignement Zen insiste aussi sur ce point, comme le montre cette histoire :

> *Un disciple d'un maître Zen discute avec celui d'un autre maître : « Mon maître est un homme*

de miracles. Il peut faire tout ce qu'il veut. J'ai
moi-même été témoin de beaucoup d'entre eux.
Et toi, que peut faire ton maître ? »

L'autre disciple le regarde et répond : « Le plus
grand miracle que mon maître peut faire, c'est
de ne pas faire de miracles. »

Il n'y a rien à atteindre qui nous soit extérieur, avec ou sans pouvoir magique. La réussite ne mène à rien. Elle ne fait aucune différence.

Un Guerrier est heureux sans raison.

L'Amour est la seule réalité du monde, parce qu'il est un. Et les lois universelles qu'utilise le Guerrier sont le paradoxe (p. 159), l'humour et le changement, et avec ces trois lois, il récolte un bonus, celui de la confusion ; la vie du Guerrier est paradoxale car il vit une double réalité qui partage sa conscience : celle de l'âme, du Soi, et celle de l'ego ou personnalité. L'humour est la seule façon qui peut nous aider à vivre ces états de conscience changeant continuellement pour des vérités sans cesse plus englobantes. L'humour lui permet de dédramatiser la confusion qui en résulte. Alors il peut rire et, détendu, il peut dépasser ces paradoxes qui tentent de l'égarer entre son état d'être humain ordinaire et le Magicien blanc qui émerge en lui. Il a cessé de lutter. Il n'a plus de problèmes et fait simplement de son mieux pour développer son lien de communication avec l'*Intention*.

12

L'Intention[8]

Cette douzième qualité, ou force, est un mystère. Dans ce petit manuel, nous écrivons l'*Intention* avec une majuscule pour la distinguer du sens commun.

Il existe dans l'univers une force incommensurable, indescriptible, que les Guerriers appellent l'*Intention*. Absolument tout ce qui existe dans le cosmos est relié à l'*Intention* par un lien de communication. L'art du Guerrier, ou la voie de l'action impeccable, est un code de conduite qui les prépare à ce lien avec l'*Intention*. Il consiste surtout à les nettoyer des effets paralysants qu'entraînent les préoccupations ordinaires de la vie quotidienne. Nous pouvons dire que l'art du Guerrier consiste à rompre ses attaches avec la personnalité pour développer le lien avec l'*Intention*, qui passe par le Soi.

L'*Intention* est la force, le véritable trait d'union, entre l'homme et le monde. Le «monde» signifie l'ensemble de ce que nous pouvons percevoir, quel que soit le mode de perception envisagé. Car quand on perçoit le monde à travers l'*Intention*, on sait qu'il n'est pas aussi présent ou aussi réel qu'on le croit.

Notre grand défaut collectif tient au fait que nous vivons sans tenir compte de ce lien. Nos intérêts, nos soucis, nos espoirs, nos frustrations et nos peurs sont si prioritaires que nous vivons au jour le jour, inconscients d'être reliés à tout le reste.

Cette *force* n'est en aucun cas une chose qu'un Guerrier peut utiliser, commander ou faire bouger. Il peut néanmoins l'utiliser, la commander ou la faire bouger à volonté. C'est un autre paradoxe. C'est un pouvoir que le Guerrier s'emploie à maîtriser ou, au moins, à accorder avec lui.

L'*Intention* n'est pas la détermination. C'est ce qu'un homme utilise pour gagner une bataille qu'il aurait normalement dû perdre. Elle nous permet de vaincre, alors même que nos pensées nous déclarent vaincu.

Ce n'est pas non plus le courage. Les hommes de courage sont des hommes de foi, des hommes nobles. Ils sont généralement sans peur et portés à accomplir tout naturellement des actes que le bon sens commun juge risqués. On les admire. On les redoute.

L'*Intention* est une maîtrise qui ne s'exerce pas en s'abstenant de certaines choses. S'abstenir, c'est encore être indulgent. C'est, bien souvent, la pire des complaisances car cela nous fait croire que nous faisons de grandes choses, alors que nous sommes complètement ancrés en nous-mêmes.

L'*Intention* surgit de façon mystérieuse. On ne peut vraiment pas expliquer comment quelqu'un s'en sert, mais seulement constater ses effets stupéfiants.

Un homme ordinaire peut « attraper » les choses du monde seulement avec ses mains. Un Guerrier peut le faire aussi avec l'*Intention*. Cela ne peut pas être décrit, comme, par exemple, nous ne pouvons pas décrire *comment* nous entendons, mais seulement *ce* que nous entendons.

Ce qui peut nous aider à développer l'*Intention* se trouve parmi toutes les petites choses que nous faisons chaque jour : décider de faire une rétrospective le soir ; penser à demander des réponses dans nos rêves ; choisir de se lever tôt pour méditer ou prendre des aliments sains... juste pour le plaisir de cultiver le terrain de l'*Intention*.

Un Guerrier sait qu'il peut la développer et il s'engage dans cette attente. Il sait qu'il attend l'*Intention*. Et, un beau jour, il accomplit un acte pratiquement impossible à accomplir ordinairement. Il se peut qu'il ne se rende pas compte lui-même de son extraordinaire exploit. Mais, comme il continue d'accomplir des actes impossibles ou, comme des choses impossibles continuent de lui arriver, il finit par prendre conscience qu'une sorte de pouvoir est en train d'émerger, parfois comme une démangeaison au ventre.

Il remarque alors, quelquefois après une grande souffrance, qu'il peut maintenant toucher tout ce qu'il veut avec une sensation qui sort juste au-dessus ou au-dessous de son nombril. Cette sensation, c'est l'*Intention*, qui dirige le «chi» des taoïstes et la puissance provenant du Hara, chez les adeptes des arts martiaux.

Les hommes de Connaissance ne peuvent pas dire comment ils ont obtenu ce pouvoir, si ce n'est par la pratique de l'art du Guerrier. À un moment donné tout change et le Guerrier devient un Magicien blanc, sujet d'un autre manuel...

« Un homme de connaissance vit en agissant, et non en pensant à agir, et encore moins en pensant à ce qu'il pensera lorsqu'il aura fini d'agir. Il choisit un Chemin-qui-a-du-cœur *et le suit. Alors il regarde, se réjouit, et rit. Puis il voit et sait. Il sait que sa vie se terminera bien trop tôt. Il sait qu'il ne va nulle part, comme tous les autres. Il sait, parce qu'il voit, que rien n'est plus important qu'autre chose. »*

DON JUAN MATUS

CONCLUSION

De par le monde règnent la pauvreté, la famine, la maladie, la violence, la guerre, le terrorisme. Des milliers de morts (entre 75 000 et 100 000) par jour. C'est une chose vraiment triste. Mais si nous croyons être dans une meilleure condition, nous nous illusionnons. Nous avons juste le privilège de pouvoir nous engager sur ce chemin du Guerrier parce que nous avons le ventre plein. La condition humaine dans son ensemble est dans un chaos horrifiant; personne ne s'en sort mieux qu'un autre. Nous sommes tous des êtres qui allons mourir, et à moins que nous le reconnaissions, il n'y a pas de remède pour nous.

Nous avons le privilège dans nos sociétés riches de reconnaître ce fait et de pouvoir parcourir ce chemin du Guerrier si nous cessons de dormir dans notre confort matériel et notre arrogance. Nous nous excluons nous-mêmes du paradis terrestre par des barrières naturelles, spécifiques à chacun. La plus inexpugnable de ces barrières, souvent, est celle qui consiste à déguiser notre suffisance en indépendance.

La voie de l'impeccabilité, celle du Guerrier, n'est pas une moralité. C'est simplement la recherche de la meilleure utilisation possible de notre niveau d'énergie. Naturellement, elle exige du sérieux, de la simplicité, de l'innocence. Elle exige par-dessus tout l'absence d'autocontemplation.

Au milieu de la violence de ce monde chaotique, la voie du Guerrier intérieur est un moyen, peut-être même le seul moyen, pour rester serein et actif, au service d'une humanité en pleine transformation. Ce chemin n'est pas facile et souvent nous nous blessons en le parcourant. Pourtant, à un certain moment, nous ne pouvons l'éviter. Le seul choix que nous avons est de le parcourir bon gré, mal gré.

La plus grande difficulté que nous éprouvons face à l'application de ces douze qualités vient de ce que la plupart d'entre nous refusons d'accepter que nous ayons besoin de si peu pour poursuivre notre chemin d'évolution. « Nous sommes conditionnés à attendre une instruction, un enseignement, des guides, des maîtres. Et, quand on nous dit que nous n'avons besoin de personne, nous ne le croyons pas. Cela nous inquiète, puis nous rend méfiants, et finalement furieux et déçus. Si nous avons besoin d'aide, ce n'est pas de celle des méthodes, mais de celle de l'intensité[8]. »

Ce petit manuel est là pour soutenir votre intensité dans les moments difficiles. Gardez-le dans votre manteau, votre sac à main, votre porte-documents ou dans votre auto. Il est le maître qui vous rappelle le chemin.

La seule raison pour laquelle nous avons besoin d'un maître réside dans la nécessité d'être aiguillonné sans pitié. Autrement, notre réaction naturelle consiste à nous arrêter pour nous féliciter nous-mêmes d'avoir fait tant de progrès.

Chacun de nous, dans son environnement, peut faire une différence, parfois par une simple phrase, un simple geste dont nous n'aurons même pas conscience – tant pis pour notre ego ! Tout le travail du Guerrier a pour but de lui permettre de poser des actions ou des paroles au bon moment.

Nous pourrons créer un monde
à la mesure de nos rêves.

Que votre aventure dans cette vie soit extraordinaire. Puissiez-vous faire une différence où vous passez, pour votre plus grand plaisir et le souvenir illuminé de ceux qui auront eu le privilège de vous rencontrer.

Souvenez-vous : votre vie n'est pas un long couloir sans fenêtre, mais une aventure passionnante dont vous êtes le héros. Et dans l'intensité de ce chemin...

« Il n'y a pas de moments ordinaires. »

DAN MILLMAN

ANNEXE 1

L'entraînement
du Guerrier intérieur

Pour développer les douze qualités du Guerrier, voici comment entraîner les cinq parties de notre être :

Le corps physique

La douleur peut purifier le corps et l'esprit. Elle brûle ce qui fait obstruction. Un Guerrier ne recherche pas la douleur, mais si elle vient, il l'utilise. Chaque jour il prend soin de son corps et apprécie de pouvoir s'étirer comme un chat et sentir tous ses muscles.

❖ *Il maintient son corps en forme par des exercices ou une discipline appropriée (sport, yoga, tai-chi, danse, etc.).* Cela comprend un entretien musculaire et cardio-vasculaire, ainsi que la souplesse pour certaines activités. Un Guerrier développe l'excellente habitude d'étirer les muscles de son corps tout entier, plusieurs fois par jour, de préférence après avoir dormi, mangé, marché ou après une longue période de travail.

❖ *Il veille à avoir une nutrition saine et appropriée.* À la fois matériau de construction et carburant de notre véhicule, la nourriture utilisée par le Guerrier est la moins transformée possible, la plus complète, avec des fruits et légumes en abondance. Un Guerrier «chasse» la nourriture qui lui convient quand il fait son épicerie. Il élimine les excitants et drogues, comme l'alcool, le tabac, le sucre blanc, la viande.

Si vous ne connaissez pas vos intolérances énergétiques aux aliments, la kinésiologie peut vous les indiquer ainsi que vos aliments amis. Il n'y a pas de régime universel. Un régime correct permet d'utiliser le plus directement possible l'énergie du soleil. Cela permet d'affiner les sens, d'élargir la conscience et d'aiguiser l'attention. Quels que soient les choix alimentaires que vous faites, l'alimentation, comme le reste de la vie, doit rester un plaisir simple et naturel. Appréciez tout le processus de l'alimentation : la faim, la préparation des mets, l'arrangement de la table, la mastication, la respiration, la conscience des odeurs, des saveurs. Le résultat ? Se sentir léger et plein d'énergie après le repas.

❖ *Il développe une attitude positive envers le corps : il est très important de célébrer notre corps physique.* Face au miroir, quelle réaction avons-nous ? C'est elle qui influence le plus notre corps. Le Guerrier voit son corps comme un ami, qui a sa propre sagesse. Les pensées sont la source première des maladies. Respecter cette sagesse, c'est ne pas lui imposer un système de pensée rigide, mais être à l'écoute de ses besoins, qui peuvent varier d'un jour à l'autre.

Un Guerrier reste aussi jeune qu'il le désire. C'est une question de pouvoir personnel. Il traite son corps au mieux et son corps est en forme, c'est tout. Par conséquent il n'a aucune raison d'être fatigué ou mal à l'aise. Le secret ne réside pas dans ce que nous faisons pour notre corps, mais plutôt dans ce que nous ne faisons pas.

Le cœur

Le Guerrier transforme les émotions négatives, sans les refouler ni les exacerber, en moteur puissant vers ses réalisations. Par exemple, une colère «consciente» peut brûler d'anciennes habitudes. La peur et la tristesse freinent l'action. La colère l'engendre. Lorsqu'un homme a appris à utiliser correctement sa colère, il peut transmuer la peur et la tristesse en colère, et la colère en action. Ce travail de transformation des émotions peut bénéficier fortement de techniques énergétiques comme le *rebirth*. Ces techniques sont extraordinairement efficaces car elles court-circuitent le mental qui ne peut que décrire les qualités du cœur comme :

❖ *La pratique de l'Amour inconditionnel,* seule alternative à la peur. D'où part notre action à chaque instant ? Union ou séparativité ? Fraternité ou jugement et critique ? Fermeture ou ouverture ?

❖ L'acceptation des autres, par *l'empathie*. ce qui ne veut pas dire faiblesse. *L'empathie* peut être brutale, avec une grande rigueur, pour clarifier, trancher, mettre à jour la vérité.

❖ *Le pardon* (instantané à partir du moment où nous prenons responsabilité[12]). C'est la fin du blâme sur les autres et sur nous-mêmes. Blâme et culpabilité ne mènent à rien de positif. Pratiquer le pardon est extrêmement libérateur.

❖ *La pureté des sentiments*, qui se développe par absence de critique et de jugement; avec une volonté d'ouverture et de compréhension.

❖ *Le partage de nos sentiments*, bons ou traumatisants, avec une communication respectueuse de l'autre et de soi-même, en prenant responsabilité de nos émotions. Cela dissout les frustrations et autres émotions négatives. Plus encore, cela nous soutient les uns les autres quand nous nous encourageons en remarquant chez l'autre ses qualités.

Le mental

C'est le gros défi du Guerrier. Notre mental est programmé depuis la plus tendre enfance, et même avant. Il nous fait agir inconsciemment. Reprogrammer le mental, c'est devenir libre du passé. C'est le principal défi de notre société hypercérébrale ! Il se traduit en pratique par un nettoyage énergétique et la discipline des pensées, surtout celles issues du mental inférieur (victimite, séparativité, etc.[12]). Déprogrammer, c'est enlever certains programmes pour pouvoir en faire fonctionner d'autres, comme sur un ordinateur. Brièvement, nous pouvons pousser l'analogie de notre mental avec un ordinateur :

La Conscience, le Soi est l'opérateur, l'observateur ;

L'état de veille, c'est lorsque l'ordinateur est allumé ;

Le cerveau est le support physique, le circuit imprimé et ses composants ;

L'intellect (mental inférieur) est le coprocesseur. Il a comme caractéristique « l'intelligence », c'est-à-dire la capacité de mettre en relation des données pour en tirer d'autres données. C'est la vitesse de travail associée à la quantité d'information traitée à la seconde ;

La mémoire comprend trois parties : la mémoire à long terme (disque dur), à court terme (mémoire vive), et la mémoire cachée, inconsciente (fichiers cachés) ;

Le savoir est l'information entrée dans la mémoire de l'ordinateur (plan mental) ;

La connaissance est le savoir que l'opérateur a expérimenté, vécu, dans son corps. Elle est emmagasinée dans la mémoire cellulaire (disque dur) ;

L'intuition (mental supérieur) est l'idée inspirée que transmet l'opérateur à l'ordinateur ;

L'impulsion (mémoire active non intégrée) est une information déjà stockée sur disque dur. L'ordinateur va la chercher de lui-même, en réponse à une situation nouvelle ressemblant, de près ou de loin, à une autre vécue dans le passé ;

Les pensées automatiques ou bavardage intérieur, répètent sans cesse les mêmes histoires limitantes jusqu'au jour de notre mort. Ce sont des programmes qui fonctionnent en boucle dans notre ordinateur et sont alimentés par notre disque dur. C'est un symptôme d'une relation disharmonieuse avec notre environnement.

Le Guerrier cesse de se parler à lui-même[8].

C'est le travail principal à faire avec notre mental. Notre attitude ordinaire est de penser et de nous parler beaucoup trop. Nous n'arrêtons jamais ce bavardage intérieur. Pensez-y ! Chaque fois que vous êtes seul, que faites-vous ? Vous vous parlez à vous-même. Et de quoi parlez-vous ? De tout et de rien. De n'importe quoi sans doute. Observez-vous ! Nous parlons de notre monde. Avec notre bavardage intérieur nous maintenons notre perception du monde. Comment cela ? Nous le renouvelons, nous lui insufflons de la vie, nous l'encourageons. Un Guerrier est conscient de cela, et il s'efforce de mettre fin à son bavardage intérieur pour s'échapper des limites de son monde. Comment s'y prend-il ?

❖ En premier lieu, il utilise ses oreilles pour les charger d'une part du fardeau de ses yeux. Depuis le jour de notre naissance, nous utilisons nos yeux pour juger le monde. Nous parlons, aux autres et à nous-mêmes, en termes de ce que nous avons vu. Un Guerrier est conscient de cela, et il écoute les sons du monde avec une extrême patience.

❖ En second lieu, il utilise la marche de pouvoir. Il marche en crispant ses doigts et en se concentrant sur ses bras. Puis, il regarde sans mettre au point son regard, vers n'importe quel point devant lui, dans un rayon compris entre la pointe de ses pieds et l'horizon. Il sature complètement son cerveau d'information. La position des doigts est sans importance. Ce qui compte, c'est d'attirer l'attention sur les bras, en crispant les doigts de diverses façons inhabituelles.

❖ En troisième lieu, il agit sans attendre de récompenses. Il agit pour agir, simplement. Pour s'entraîner, il se donne des tâches drôles et absurdes chaque fois qu'il se trouve seul, chez lui ou ailleurs. Par exemple il range le bois ou des documents en formant des motifs, il balaye des ordures suivant un dessin précis ou encore il s'habille de vêtements qu'il trouve stupide. Cela peut se faire aussi dans ses gestes quotidiens : lacer d'abord son soulier gauche, s'il a l'habitude de faire le contraire ou attacher sa ceinture de droite à gauche, monter dans sa voiture par la portière gauche, monter les marches à reculons ou regarder son téléviseur à l'envers.

Bien sûr il change ces tâches dès qu'elles sont devenues des routines. En exécutant ces actions dépourvues de signification il intègre l'idée d'agir sans rien attendre en retour.

Interrompre le dialogue intérieur est une clé du monde des Guerriers. Les autres activités ne sont que des soutiens ; elles ne servent qu'à hâter l'effet de l'interruption du dialogue intérieur. Il est important de penser clairement, et la seule façon de penser clairement est de ne pas penser du tout. Pour cela :

❖ *Un Guerrier médite au moins 30 minutes par jour pour calmer son mental.* C'est son moyen d'atteindre l'harmonie dans l'action. Peu importe la forme, la respiration, les sons, mantras ou couleurs qu'il utilise. Le but qu'il vise est de rendre le mental aussi calme qu'un lac un jour sans vent. Alors, il peut entendre, ou voir, les messages qui lui sont nécessaires pour agir.

Attention, pour le Guerrier, la méditation est un moyen de maîtrise et non de fuite. Elle permet de gagner une certaine quantité de temps, mais aussi une qualité de temps. Le silence est l'art du Guerrier et la méditation est son sabre. L'utilité du sabre dépend de celui qui le manie.

Une fois son mental apaisé, un Guerrier réalise ce qu'il veut. Il crée en focalisant ses pensées, sans avoir d'attentes quant au résultat. Il veut sans vouloir.

Créer par la pensée est un art qui s'apprend et demande de l'entraînement. Pour cela, il peut utiliser diverses techniques comme la visualisation, la roue de fortune, l'agenda d'abondance.

La roue de fortune est un cercle de carton séparé en quartiers représentant divers secteurs d'activités de votre vie : famille-relations, travail, loisirs, résidence, vacances, développement personnel, etc. Dans chaque secteur vous collez les photos, images et textes-chocs qui vous inspirent et qui représentent le plus ce que vous visez, au niveau du Soi, dans ce secteur de vie. Une fois terminé (et bien sûr vous pourrez la modifier plus tard) vous placez la roue dans votre endroit personnel, comme votre chambre, bien en vue. Les photos de vos buts vont imprégner votre inconscient chaque fois que vos yeux les parcourent. Elles vous influencent comme le fait le publicitaire avec les spots de publicité répétitive sur les écrans ou les affiches. N'oubliez pas de remercier pour les buts atteints et de brûler les photos qui y sont reliées. Pour en arriver là, il ne s'agit pas de rester à regarder votre roue.

L'agenda d'abondance est un outil pour mettre en action votre roue de fortune. «Aide-toi et le ciel t'aidera.» Ici, vous inscrivez, après une profonde méditation, les buts de votre vie. Qu'est-ce que vous voudriez avoir réalisé pour mourir en paix? Ensuite, vous décomposez ces buts: Que dois-je avoir atteint comme objectif cette année? Puis, aux pages mensuelles, vous notez vos buts mois par mois. Que dois-je faire ce mois-ci pour atteindre le but de mon année.

Même chose dans les pages des semaines de votre mois en cours et enfin dans les pages journalières de votre semaine. Cela prend un peu de temps, mais infiniment moins que d'avancer à l'aveuglette ! À la fin de chaque année, vous faites un bilan et vous évaluez la situation pour vous ajuster... sans vous taper sur la tête ! Votre vie n'est qu'une grande aventure.

Pour finir avec le mental, un dernier mot sur... les mots. Ils sont formidablement puissants et importants, et ils sont la propriété magique de celui qui les possède. Mais penser et dire exactement ce que l'on veut dire exige des quantités incalculables d'énergie. C'est pourquoi le Guerrier réfléchit le Plan, mais ne pense pas et parle peu.

L'Esprit, ou le Soi

Être en contact avec le Soi ne se fait pas tout seul, du moins au départ. C'est à travers la méditation quotidienne (30min), la solitude, le contact avec la nature (marche) que nous nous alignons avec notre conscience la plus élevée et que nous pouvons la voir chez les autres.

Le Guerrier n'a pas peur de regarder quelqu'un dans les yeux et de sentir son âme. Il prend le temps de partager sa réalité spirituelle avec les autres. Cela n'est pas intellectuel, mais vient d'une expérience intérieure et d'une pratique quotidienne.

La qualité de notre contact avec le monde, êtres ou choses, est le reflet de notre intérieur. Le contact avec des êtres inspirants est aussi un moyen de s'approcher de notre propre Soi.

La Planète

Pour notre ego, la planète c'est l'abstrait. Cela ne lui rapporte rien puisqu'il se croit isolé de tout. Notre action pour la terre (c'est-à-dire quelque chose de plus vaste que nous-mêmes) nous permet de développer l'ensemble des qualités du Guerrier en maîtrisant la forme, le champ d'action où nous sommes. Cela veut dire être excellent dans ce que nous faisons, que ce soit en élevant nos enfants ou comme PDG d'une multinationale.

Pour le monde spirituel, la qualité de l'action est bien plus importante que la quantité. La paix entre deux personnes a une valeur tout aussi grande que la paix entre deux nations. Cela est difficilement compréhensible pour notre éducation de consommateur.

Quoi que vous fassiez, faites que votre projet ait une dimension planétaire. Travailler localement avec une optique globale n'est pas juste un beau slogan. C'est une nécessité pour l'humanité entière de s'assurer que les gestes qu'elle pose incluent un équilibre harmonieux de notre petit vaisseau cosmique nommé Terre.

Ayez le courage de vous engager dans ce que vous croyez. Nous avons le pouvoir de créer un monde meilleur.

Quelqu'un doit prendre responsabilité de notre Planète. Si nous ne le faisons pas, qui le fera ? Qui transformera la passion pour la guerre en passion pour la paix ?

Le chemin du Guerrier mène à la conscience de cet être planétaire et de ses besoins « écologiques ». N'est-ce pas la Terre qui nous nourrit ? C'est elle aussi qui nous initie : la terre est sensible et sa conscience peut affecter celle des humains. Le Guerrier trouve les endroits naturels qui le ressourcent et où la Terre peut lui parler.

Un océan de paradoxes

À la manière des *koans* Zen, ces histoires absurdes qui choquent nos neurones, les paradoxes nous apprennent à élargir notre vision, à sortir du cercle limité de notre conscience.

> *«Ce que la chenille appelle la fin du monde,*
> *le Maître l'appelle un papillon. »*
>
> RICHARD BACH

La voie du Guerrier peut être comparée à la navigation sur un océan de paradoxes; pendant l'exposé des douze qualités du Guerrier nous en avons énoncé un certain nombre que voici réunis pour votre méditation.

❖ Sur le vaste jeu d'échecs cosmique, le Guerrier n'est pas le joueur, mais un pion de l'Intention derrière le Plan. Mais c'est un pion libre et impeccable.

❖ Un Guerrier ne fait qu'un avec son *Chemin-qui-a-du-cœur*. Il éprouve une paix et un plaisir incommensurables à le parcourir dans toute sa longueur. Il s'y engage comme si sa vie en dépendait, tout en sachant que ça n'a aucune importance et qu'il aurait pu choisir n'importe quel autre chemin.

❖ Un Guerrier ne peut compter que sur lui-même, mais ne peut y arriver seul.

❖ La vision du Guerrier est souple et modifiable mais aussi ferme et alignée.

❖ Un Guerrier est passionné par tout et pourtant rien n'a plus d'importance à ses yeux que quelque chose d'autre.

❖ Quand rien ne va, c'est la joie qu'il ressent dans ce qu'il fait qui lui donne la réponse à la question : Est-ce que je m'entête ou est-ce que je persévère ?

❖ Un Guerrier n'est jamais prêt pour sa mort. Il est prêt seulement pour le combat. C'est sa meilleure façon d'être prêt pour sa mort.

❖ Un Guerrier aime inconditionnellement et en un sens il ne se consacre qu'à lui-même !

❖ L'intégrité, pour le Guerrier, c'est être mono-lithique et en même temps souple face à tout ce qui se présente sur son chemin.

❖ L'empathie totale peut être brutale.

❖ Pour créer, un Guerrier veut sans vouloir.

❖ L'Intention n'est en aucun cas une chose que l'on peut utiliser, commander ou faire bouger – mais que l'on peut néanmoins utiliser, commander ou faire bouger à volonté.

NOTES

1 Nicole Gratton, *L'art de rêver*, Montréal, Stanké, 1994;
   Les rêves spirituels, Montréal, Stanké, 1996.

2 Alice A. Bailey, *Initiation humaine et solaire*, Genève, Éd.
   Lucis, 1971; *Traité sur la magie blanche*, Genève, Lucis,
   1976; et d'autres livres de cette collection inestimable.

3 Richard Bach, *Le Messie récalcitrant*, Paris, Flammarion,
   1978.

4 Dan Millman, *Le guerrier pacifique*, Genève, Éditions
   Vivez Soleil, 1985.

5 Paulo Coelho, *L'alchimiste*, Paris, Éd. Anne Carrière,
   1994.

6 James Redfield, *La prophétie des Andes*, Paris, Robert
   Laffont, 1994.

7 Krishnamurti, *Aux pieds du maître*, Paris, Éd. Adyar,
   1988.

8 Inspiré ou extrait des livres suivants de Carlos
   Castaneda: *L'herbe du diable et la petite fumée*, Paris,
   UGE, 1977; *Voir. Les enseignements d'un sorcier Yaqui*,

Paris, Gallimard, 1973; *Le voyage à Ixtlan*, Paris, Gallimard, 1988; *Histoires de pouvoir*, Paris, Gallimard, 1975; *Le second anneau de pouvoir*, Paris, Gallimard, 1979; *Le don de l'aigle*, Paris, Gallimard, 1982; *Le feu du dedans*, Paris, Gallimard, 1985; *La force du silence*, Paris, Gallimard, 1988; *L'art de rêver*, Paris, Gallimard, 1994, coll. Témoin.

[9] Extraits d'ateliers de l'Institut du développement de la personne, dirigé par Annie Marquier, Knowlton, Québec. Adresse Internet: www.idp.qc.ca.

[10] Pour comprendre en détail le fonctionnement des mécanismes de la conscience humaine, de nos mécanismes de défense, de nos structures de caractère et des moyens pour nous en libérer, lire l'ouvrage de référence: *La liberté d'être*, Annie Marquier, Knowlton, Éd. Universelles du Verseau, 1998.

[11] Trungpa Rimpoché.

[12] Pour approfondir ce concept essentiel de Responsabilité-Attraction-Création, lire le livre d'Annie Marquier, *Le pouvoir de choisir*, Knowlton, Éd. Universelles du Verseau, 1991.

[13] « Connaître l'abstrait, c'est savoir que la connaissance et le langage peuvent exister indépendamment l'un de l'autre. » Carlos Castaneda

14 Un guerrier arrive toujours à ses fins, mais pas par n'importe quel moyen, car « la fin est dans les moyens comme l'arbre est dans la graine ». Gandhi

15 Pour approfondir les mécanismes de l'inconscient, lire l'ouvrage de référence : *La liberté d'être*, Knowlton, Annie Marquier, Éd. Universelles du Verseau, 1998.

TABLE DES MATIÈRES

NOTES PERSONNELLES